Postfach 120307 | 10593 Berlin
www.transit-verlag.de

Umschlaggestaltung, unter Verwendung
eines Fotos der Villa, Delbrückstraße 23, Berlin
© Europäisches Burgeninstitut – Einrichtung
der Deutschen Burgenvereinigung e. V. (Braubach):
DBV-Archiv, Nr. 2273, und Layout:
Gudrun Fröba
Druck und Bindung: CPI Deutschland
ISBN 978-3-88747-407-2

MOMME BRODERSEN

Verschüttete Erinnerung

WO DIE BENJAMINS ZU HAUSE WAREN

: TRANSIT

INHALT

ABWESENDES HAUS

Ich stand im Grunewald zufällig vor dem Hause Delbrückstraße 23. Nicht mehr da. Weg, jeder weiß, wie. Hier bin ich manchmal gewesen, in einem schönen Zimmer mit kostbaren Büchern. Ein bedeutender Mensch, eine sehr schöne junge Frau, ein strahlendes Kind. Hohe Gespräche. Das kommt nicht wieder, aber es ist gewesen, und darum wird es bleiben.
Werner Kraft[1]

EINE VILLA IM GRUNEWALD – NICHT MEHR DA

Die zerstörte Villa in einer Aufnahme aus dem Jahre 1950

Einsam und verlassen steht er da, der einst hochherrschaftliche Bau, um ihn herum nur noch Ödnis, das Gebäude selbst nackt, ein Skelett, eine Ruine ohne Dach und Zimmerdecken, die Außenmauern schwer beschädigt oder ganz eingestürzt, keine Wände, Fenster oder Türen, die Schornsteine haltlos in den Himmel ragend: So bot sich den Vorüberziehenden die einst in der Delbrückstraße 23, Ecke Jagowstraße 2 (heute Richard Strauss-Straße) gelegene Villa im Berliner Grunewald nach den Verwüstungen des Zweiten Weltkriegs dar. Nichts erinnerte mehr an die Geschichte und Geschichten dieses Ortes, der einmal Wohnsitz und Begegnungsstätte höchster Staatsrepräsentanten, reicher Geschäftsleute und einflussreicher Männer aus Wirtschafts- und Finanzwelt, hoher Militärs und Beamter, bekannter Künstler und Schriftsteller, von Ärzten und Juristen, Schuldirektoren und Lehrern, Handwerkern und Hausmeistern war.

Wenn Mauern sprechen könnten, dann hätten sie dem Passanten von dem in der Wilhelminischen Ära erfolgreichen Bildhauer Harro Magnussen erzählt, der das Haus einst erbauen ließ und in dessen Räumen seinem Leben ein Ende setzte. Vielleicht auch von dem Architekten Bodo Ebhardt, nach dessen Plänen es 1899/1900 entstand. Von den Nachbesitzern, der Familie Benjamin, die dieses vornehme Domizil ein Vierteljahrhundert lang bewohnte. Von den prominenten Besuchern dieses Ortes, allen voran dem damaligen Kaiser des Deutschen Reiches. Von den nicht nur in Berlin weithin bekannten Einliegern, die sich hier eingemietet hatten. Schließlich von der Arisierung der Villa 1936 bis zu ihrer Zerstörung durch alliierte Bomberverbände 1943. Wenn Mauern sprechen könnten, würden sie auch von Tragödien, Ehekrisen, Generationskonflikten berichten, von Feiern und Diskussionen, die hier stattfanden. Bringen wir also diese eigentlich stummen Zeugen zum Reden, lassen wir uns von den Steinen, auch wenn es sie längst nicht mehr gibt, die Geschichte dieser Wohn- und Wirkungsstätte und die Geschichten ihrer bemerkenswerten Bewohner und Bewohnerinnen erzählen.

NUR BISMARCK, ANSONSTEN BLOSSE HANDLANGER?

Im Grunewald erinnern gleich mehrere Orte an den wohl bedeutendsten deutschen Politiker der zweiten Hälfte des 19. Jahrhunderts, an Otto von Bismarck: eine Allee, eine Brücke und ein Platz. Sie alle erhielten ihren Namen noch zu Lebzeiten des ehemaligen Reichskanzlers: die 1891 erbaute Bismarckbrücke, die über einen schmalen Verbindungskanal zwischen Hertha- und Hubertussee führt, ihre beiderseitige Fortsetzung, die Bismarckallee, in der die erste Villa der Kolonie, das Domizil eines Offiziers namens Steinhäuser, errichtet wurde, sowie der Bismarck-Platz. Der hieß zuvor Joachimplatz, wurde aber, nachdem hier eine von Max Klein geschaffene Bronzegruppe *Fürst Bismarck mit seinem Hunde Tyras* enthüllt worden war, umbenannt. Mit diesem Monument, das einschließlich seines Sockels beinahe fünf Meter maß, statteten die Bewohner jenem Mann ihren Dank ab, der zweifelsohne entscheidend zur Entstehung ihres vornehmen Viertels beigetragen hatte. Ob seine Ver-

Das 1897 enthüllte Bismarck-Denkmal von Max Klein im Grunewald

dienste dabei aber so weit reichten, dass sein Tun und Lassen alle übrigen Beteiligten zu bloßen Statisten bzw. »Handlangern des einzigen Mannes«[2] degradierte, wie es einer seiner Freunde und Bewunderer ausdrückte, darf bezweifelt werden.

In Bismarcks Überlegungen zur Westentwicklung Berlins spielte der Grunewald anfangs eine eher untergeordnete Rolle. Ihm ging es in erster Linie um den Ausbau des Kurfürstendamms zu einer Prachtstraße nach dem Vorbild der Pariser Champs Élysées. Da dieses Projekt privat zu finanzieren war, kam die zukünftige Villenkolonie überhaupt erst ins Spiel. Schon die ersten Geldgeber, ein Konsortium englischer Kapitalisten, die bereit waren, die Mittel für eine repräsentative Verbindung vom Zentrum Berlins ins Grüne zur Verfügung zu stellen, hatten sich nämlich als Gegenleistung die Überlassung eines größeren Grunewald-Areals zur Bebauung ausbedungen. Zu einer Einigung dieser Art kam es jedoch erst mit dem oben zitierten Bismarck-Freund John Booth. Der schloss 1882 einen Vertrag mit der Königlichen Regierung in Potsdam, der als Ausgleich für den Ausbau des Kurfürstendamms auf eine Breite von 53 Metern die Überlassung von 234 Hektar Grunewald »zur Pacht auf 90 Jahre mit« einem »Vorkaufsrecht bis 1892«[3] vorsah. Booth trat noch im selben Jahr seine Rechte aus dem Kontrakt an ein Konsortium unter Führung der Deutschen Bank ab, das eine neugegründete *Kurfürstendamm-Gesellschaft* mit allen notwendigen Arbeiten betraute. Während es danach mit dem Ausbau des Kurfürstendamms relativ zügig voranging – er war 1886 abgeschlossen –, sollte der erste Spatenstich im Grunewald noch einige Jahre auf sich warten lassen.

1889 begannen ausländische Arbeiter mit der Urbarmachung des morastigen Geländes. Und sie waren alles andere als bloße Handlanger, also ungelernte Arbeitskräfte. Ein Sumpfgebiet so aufzubereiten, dass hier Häuser, Straßen, Brücken und Plätze entstehen konnten, erforderte Wissen und Erfahrung im Umgang mit einem solchen Terrain. Zunächst waren Mecklenburger Arbeiter an dieser Aufgabe gescheitert. Deshalb rief man Ausländer, vor allem Polen, ins Land, die ihr Werk unter unbeschreiblichen Bedingungen in nur zwei Jahren abschlossen. Sie arbeiteten für einen Hungerlohn und hatten auch keine Gewerkschaften im Rücken, die sich für ihre Rechte eingesetzt hätten. Ja, man stellte ihnen nicht einmal Unterkünfte zur Verfügung, die hatten sie sich selbst vor Ort als Erdhütten zu bauen.

Kein Wunder, dass es im Grunewald keine Stätte gibt, die an sie erinnert. Womöglich hätte das den betuchten Bewohnern nur ins Gedächtnis gerufen, welche Opfer der Bau ihrer Kolonie gekostet hatte. Selbst der Versuch, ihnen post festum ein literarisches Denkmal zu setzen, scheint von der Absicht getragen, bloß keine Schuldgefühle aufkommen zu lassen. »Ein *lustiges* Leben entfaltete sich damals im Walde«, schrieb 1929, anlässlich des 40jährigen Bestehens der Kolonie, der ehemalige Chefredakteur des *Grunewald-Echos*, Oswald Kohut, und fährt dann fort: »Arbeiter mit ihren Frauen … hatten ihr *Heim* in nächster Nähe der Arbeitsstelle *aufgeschlagen* und sich einfach Erdhütten gebaut. … Bauholz bot das Revier in Menge. … Im Innern sah es gerade nicht salonmäßig aus, aber immerhin *behaglich und reinlich*. An der Rückwand breitete sich ein großes *Strohlager für mehrere Personen* aus.« Unter einem Dachraum wurden »allerlei Habseligkeiten aufbewahrt … Gekocht wurde draußen im Freien. Nach getaner Arbeit loderten Abends die Feuer *lustig* zum Himmel empor, umlagert von den kräftigen Gestalten der Arbeiter, ihren Frauen und Kindern. *Malerische Bilder* boten sich, wenn die Glut ihren Schein weithin in den Wald warf. … *es ist gar zu schön in der Kolonie Grunewald*.«[4]

Diese vor Pfadfinder-Romantik nur so triefende Beschreibung hatte nichts, aber auch gar nichts mit der Wirklichkeit zu tun. Die Lebens- und Arbeitsbedingungen dieser namenlos Gebliebenen waren alles andere als ›lustig‹, ›behaglich‹, ›reinlich‹ oder gar ›schön‹, sondern einfach nur unsäglich. Davon legt eine Reminiszenz des Schriftstellers Heinrich

Seidel Zeugnis ab, der diese Arbeiter noch am Werk erlebt und vor allem ihre Behausungen gesehen hatte. Seine Schilderung verrät zwar all seine antipolnischen Ressentiments, die im Übrigen im kaiserlichen Deutschland weit verbreitet waren, aber sie dürfte trotz allem der Realität näherkommen: »Ich gelangte bald an einen Ort, wo einer dieser Seen im Entstehen begriffen war. … und bald … auch an ein improvisiertes Dorf, wo biedere Polacken *ihre Erdhütten* errichtet hatten, wo *schlampige Weiber* in roten Unterröcken auf schwelenden Feuern polackische Leibgerichte kochten, wo *schmutzige* weißhaarige *Kinder* mit Torf spielten und *behängte Wäscheleinen die tiefsten Toilettengeheimnisse einer ansprechenden Bedürfnislosigkeit verrieten.* Doch bald wurde die Gegend kultivierter. Die Straßen hatten, wenn auch noch keine Häuser, doch schon Pflaster, und stellenweise sah man eingezäunte Grundstücke.«[5]

Offenbar ist es, so drängt sich einem hier unwillkürlich ein Satz Walter Benjamins auf, viel »schwerer …, das Gedächtnis der Namenlosen zu ehren als das der Berühmten.«[6]

1899 wurde der Grunewald dann eine eigenständige Landgemeinde. Die Kabinettsorder trug nicht von ungefähr das symbolträchtige Datum vom 1. April, dem Geburtstag Bismarcks. In den Folgejahren nahm die Villenkolonie, die zu diesem Zeitpunkt knapp 2700 Einwohner zählte, eine geradezu rasante Entwicklung. Es wurden private Knaben- und Höhere Mädchenschulen, eine Gemeindeschule und alsbald ein Gymnasium eröffnet. Ein Polizeirevier wurde eingerichtet, dessen »eigens für die Kolonie ausgewählten Schutzleute … zu besonderer Höflichkeit gegenüber den Grunewaldern verpflichtet« waren. Und auch das staatliche Post- und Telegrafenamt ließ den »Bewohnern der Kolonie mit Rücksicht auf ihre einzigartige Zusammensetzung aus nur hochangesehenen, kapitalkräftigen Postkunden eine gewisse individuelle und bevorzugte Berücksichtigung«[7] angedeihen. Eine freiwillige Feuerwehr schützte vor eventuellen Bränden. Sanatorien und Sanitätswachen sorgten sich um das gesundheitliche Wohl und Sportvereine um die körperliche Ertüchtigung der Bevölkerung. Es gab eine Evangelische Kirche und einen Friedhof. Und Lokalblätter informierten die Grunewalder über alles Wissenswerte in ihrem Dorf. Denn das war und blieb dieser Ort: ein Dorf, dessen Einwohnerzahl selbst bei seiner Eingemeindung nach Groß-Berlin, 1920, noch nicht einmal die sechseinhalb Tausend überschritten hatte.

Das Kaiserpaar in »offener, mit Grauschimmeln bespannter Equipage«, 1899

Am 25. Februar 1902, so berichtete die damals noch täglich erscheinende Zeitung der Villenkolonie, das *Grunewald-Echo*, in ihrer Ausgabe vom darauffolgenden Tag, hätten sich »hohe Gäste« in die Delbrückstraße, Ecke Jagowstraße begeben. Punkt »¾4 Uhr« seien kein Geringerer als der Kaiser des Deutschen Reiches, Wilhelm II., und Gemahlin einer »offenen, mit Grauschimmeln bespannten Equipage« entstiegen, um dem Bildhauer Harro Magnussen ihre Aufwartung zu machen. Das hohe Paar habe den Hausherrn »aufs leutseligste« begrüßt und »ins Gespräch«8 gezogen und, wie ein späterer Artikel nachschob, bei Gelegenheit eines etwa halbstündigen Besuchs »auch die Wohnung« des Künstlers »in Augenschein«[9] genommen.

Es war dies nur eines von zahlreichen Zusammentreffen des Monarchen mit einem Bildhauer, der nicht zuletzt dank seiner Beziehungen zum Hause Hohenzollern Karriere gemacht und sich deshalb schließlich ein repräsentatives Domizil im vornehmen Grunewald hatte leisten können. Wer aber war dieser Harro Magnussen, der um 1900 zu den bekanntesten Bildhauern der Hauptstadt gehörte und mittlerweile fast vergessen ist, obwohl noch heute täglich Tausende an dem von ihm geschaffenen Roon-Denkmal am Großen Stern mit der Siegessäule vorbeikommen? Und was verband ihn mit dem damaligen Kaiser?

KUNST, IN DIE WIEGE GELEGT

Die Kunst war Harro Magnussen in die Wiege gelegt worden, denn sein Vater war der aus dem nordfriesischem Bredstedt stammende »Friesenmaler«[10] Christian Carl Magnussen. Der genoss in der zweiten Hälfte des 19. Jahrhunderts einen guten Ruf, wenigstens in seiner norddeutschen Heimat, wo er bleibende Spuren als Porträtist und Historienmaler hinterlassen hat. Noch heute schmückt das von ihm geschaffene Kolossalgemälde einer Senatorensitzung, *Die Hamburger Rathsstube im Jahre 1860*[11], den Phoenixsaal im Rathaus der Hansestadt. Seine Mutter, Meta Meyer, stammte aus einer angesehenen hanseatischen Senatorenfamilie[12], war eine Tochter des wohlhabenden Weinhändlers Lorenz Meyer.

Die Eltern Christian Magnussen und Meta, geb. Meyer um 1860.
Foto: F. & O. Brockmann, Dresden

Der hatte sich anfangs heftig gegen die Beziehung der »Hamburger Patriziertochter« mit »einem ›Maler‹«[13] gesträubt. Dies nicht so sehr aus einem Standesdünkel heraus, denn auch Magnussen kam aus einem gutbürgerlichen, wenn auch weniger vermögenden Haus. Vielmehr war es der Beruf des Schwiegersohns in spe, an dem sich der Senator stieß. Malerei oder Bildhauerei, das war in damaligen Zeiten nicht nur aus der Sicht eines gestandenen Kaufmanns eine brotlose Kunst. Gleichwohl fügte sich Lorenz Meyer am Ende in sein Schicksal, und vielleicht hat dabei auch die ihm nachgesagte Kunstsinnigkeit und -liebe[14] eine Rolle gespielt.

Harro Karl Anton Magnussen, wie er mit vollständigem Namen hieß, kam am 14. Mai 1861 als sechstes Kind des Ehepaares zur Welt, und zwar in Hamm. Das war damals noch ein Villenvorort Hamburgs, Sommersitz oder sogar Dauerwohnstätte reicher Kaufleute, die Ruhe und Frieden vor den Toren der Hansestadt suchten. (Heute ist die Ortschaft ein Viertel im Zentrum der Stadt.) Hier in der Sommerresidenz seines Großvaters Lorenz Meyer sowie in der nahegelegenen Elbmetropole verbrachte Harro Magnussen seine Kindheitsjahre. Als er kaum vier Jahre alt war, starb völlig unerwartet seine Mutter. Zu seinem Vater hatte er, wie sich späteren Briefe entnehmen lässt, ein zeitweilig äußerst konfliktreiches Verhältnis, wobei dessen rasche Wiedervermählung keine oder allenfalls eine untergeordnete Rolle spielte. Nach nur eineinhalbjähriger Trauerzeit hatte Christan Carl Magnussen nämlich ein zweites Mal geheiratet. Seine Auserwählte war eine 25 Jahre jüngere Malschülerin von ihm namens Ella Jacobi, die ebenfalls aus besten Hamburger Verhältnissen stammte. Sie hatte er auf der nordfriesischen Insel Föhr kennengelernt, wo er mit seinen Kindern seit 1866 die Sommerfrische verbrachte. Zwei Jahre später erwarb er im dortigen Nieblum ein kleines, bescheidenes Haus, in dem die Familie die nächsten sieben Jahre lebte.

VON NIEBLUM ÜBER SCHLESWIG UND MÜNCHEN NACH BERLIN

1875 zogen die Magnussens aufs Festland, nach Schleswig. Dort eröffnete der Vater, der eine der beeindruckendsten Sammlungen norddeutscher Schnitzkunst von der Gotik bis zur Gegenwart zusammengetragen hatte, eine Holzschnitzschule. In dieser Anstalt erhielt auch Sohn Harro seine ersten künstlerischen Unterweisungen: »Tagesunterricht im Schnitzen, Abendunterricht im Zeichnen«[15]. Außerdem ging er dem Vater im täglichen Betrieb kräftig zur Hand, worunter freilich seine schulische Ausbildung litt. »Über 2 Jahre«, so heißt es in einem seiner Briefe, sei er von seinem Vater »in der Holzschnitzschule« derart in Anspruch genommen worden, dass an den Besuch einer öffentlichen Schule nicht zu denken war. Als er sich dann später entschloss, Versäumtes nachzuholen, folgte er eher pragmatischen Erwägungen. Er wollte sich durch den erfolgreichen Abschluss der »Prüfung über die wissenschaftliche Befähigung für den einjährig-freiwilligen Dienst« zwei des ansonsten drei Jahre dauernden Militärdienstes ersparen. »Denn in den drei Jahren«, so heißt es in einem unveröffentlichten Schreiben des immerhin schon 20jährigen, »wird einem die schönste hoffnungsvollste Zeit des ganzen Lebens geraubt, denn ... was man auch gewinnen würde durch die Gewöhnung an Gehorsam und Ordnung, das würde man wieder nach anderer Seite hin einbüßen, denn ... eine solche rohe, gemeine Behandlung« bliebe doch nicht »ohne abstumpfenden, nachteiligen Einfluß«[16] auf den Menschen.

Nach Abschluss des Gymnasiums sowie der Ableistung seines einjährigen Militärdienstes in Göttingen ging Harro Magnussen im November 1882 zur weiteren künstlerischen Ausbildung nach München. Er empfand diesen Wechsel als wahre Befreiung aus der Enge Norddeutschlands und der väterlichen Strenge: »Endlich hier in München!« heißt es in einem seiner Briefe. »Endlich entflohen der lähmenden, geisttödtenden Einförmigkeit Schleswigs! Der moralisch sehr herabstimmenden fortdauernden Unfreundlichkeit im familiären Verkehr, schließlich noch der Tyrannei eines Vaters, der alles Gute will, aber grundverkehrte Mittel anwendet.«[17] An der Münchner Kunstakademie studierte er zunächst Malerei, ehe ihn sein Vater davon überzeugte, dass seine eigentliche Begabung in der Bildhauerei liege. 1887 zog Harro Magnussen nach Berlin, wo er sich unter die Fittiche des Hauptvertreters der neobarocken Bildhauerschule, Reinhold Begas, begab. Im Juni des darauffolgenden Jah-

Porträt Reinhold Begas, 1902.
Foto: Anton Schöner

res ehelichte er die Tochter des Münchner Kunstmalers Ludwig Lesker, Eleonore, meist nur Nora genannt. Aus ihrer Ehe ging ein Sohn hervor: der durch tragische Umstände mit gerade einmal 20 Jahren verstorbene Hans.

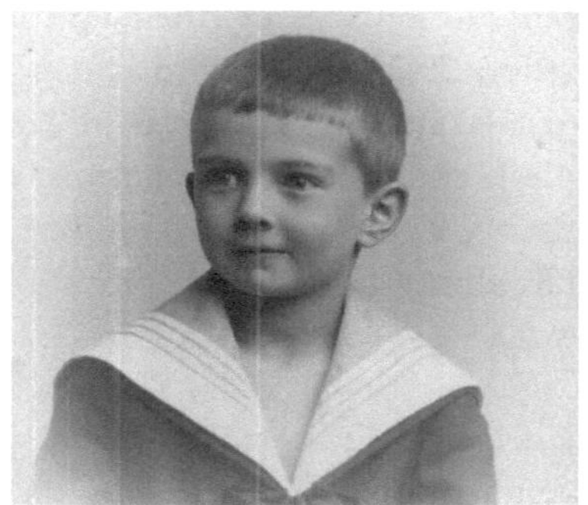

Das Ehepaar Harro Magnussen und Eleonora, geb. Lesker. Foto: Ateflier F. Werner, München und (rechts): Der Sohn Hans Magnussen. Foto: Franz Kullrich, Berlin

Zu Beginn der neunziger Jahre des 19. Jahrhunderts machte sich Harro Magnussen selbständig, nachdem er bei Ausstellungen in Berlin und Dresden erste Anerkennungen und Auszeichnungen erfahren hatte. Auf einer Veranstaltung der Königlichen Akademie der Künste zu Berlin hatte er 1892 neben einigen Porträtbüsten auch ein Gipsmodell der Skulptur *Der Philosoph von Sanssouci in seinen letzten Stunden* ausgestellt. Für diese Plastik des von seinen Windspielen umgebenen, sterbenden Friedrichs II. wurde er mit der »Kleinen goldenen Medaille für Kunst« prämiert. Und diese Gruppe war es auch, die Wilhelm II. und Magnussen ein zweites Mal zusammenbrachte, nachdem sich beide bereits in ihrer Jugend begegnet waren.

Es war, so erinnerte sich Harro Magnussen noch Jahrzehnte später, »1873«, dass er den nur wenig älteren, damaligen Kronprinzen persönlich kennenlernte. Seinerzeit »weilten die Kronprinzlichen Herrschaften mit den Prinzen und Prinzessinnen in den Sommermonaten ... auf Föhr und besuchten häufig das einfache Haus [Carl Christian] Magnussens. Dem Künstler ward das hohe und seltene Glück zuteil, der Frau Kronprinzessin und den Prinzen Wilhelm und Heinrich Zeichenunterricht erteilen zu dürfen.«[18] Der blondgelockte, wollköpfige Harro Magnussen war, »damit nicht nur alte Frauen abkonterfeit wurden«, dazu verdammt, den Hoheiten bisweilen Modell zu stehen. Und genau darauf bezog sich Wilhelm II. bei ihrem Wiedersehen im Januar 1899, als er den Künstler in seinem damals noch im Berliner Siegmunds Hof gelegenen Atelier aufsuchte. Zur Begrüßung soll der Kaiser gleich »liebenswürdig« bemerkt haben: »Sie sind doch der Harro *Magnussen*, den ich früher gezeichnet habe.« Und »launig« habe er hinzugefügt (so wenigstens will es der Berichterstatter des *Berliner Tageblatts* gehört haben): »Jetzt haben Sie aber eine zahmere Frisur als damals!«[19]

Anlass seiner Aufwartung beim Bildhauer war eben das Marmorwerk *Der Philosoph von Sanssouci in seinen letzten Stunden.* Dessen Gipsmodell hatte Jahre im Atelier vor sich hingestaubt, »unbeachtet von den meisten Besuchern, von dem Künstler aber immer mit stiller Wehmut betrachtet, als sein teuerster Schatz behütet«[20]. Die Schriftstellerin

Der Philosoph von Sanssouci in seinen letzten Stunden

Agnes Schöbel hielt sich viel darauf zugute, den Bildhauer überzeugt zu haben, aus diesem Werk mehr zu machen. »›Ich wünschte‹, so gibt sie die Worte Magnussens bei einem ihrer Ateliersbesuche wieder, ›ich könnte Ihnen ein fertiges Werk vorführen, wie ich es mir träume … Aber das Material ist zu teuer. Für mich wenigstens,‹ setzte er leise und in Beschämung hinzu.« Und weiter heißt es dann in Schöbels Nacherzählung einer Episode, deren Folgen Magnussen berühmt machen sollten:

»Ich ging zu einer Ecke hinüber, in der etwas Verhülltes, Unförmiges ragte. ›Darf man das sehen?‹

›Eigentlich nicht. Es ist mein Schmerzenswerk, unterm Kreuze geboren. Soll ich es wirklich ans Licht ziehen?‹ Er hob zögernd die Decke.

Wie ein Schlag durchfuhr's mich. Fridericus, der große König, sterbend im Armstuhl, aller irdischen Hoheit entkleidet, aber vom Glanz der Unsterblichkeit umleuchtet. Entfleischt, schon fast entseelt, und dennoch Herrscher auch über den Tod.

Ich stand erschüttert. ›Harro Magnussen,‹ sagte ich, ›das müssen Sie in Marmor bilden. … Gips ist der Tod des Kunstwerks … Dieser abgezehrte Leib, von den letzten Blutschlägen durchpulst, dieses Auge, brechend in Glanz – es müßte groß sein und herrlich.‹

Lange blickte der Künstler auf das Königsabbild. ›Sie haben recht. Ich werde das in Marmor ausführen. Und sollte ich mein Letztes dafür hingeben!‹«[21]

Das steinerne Werk präsentierte Magnussen der Öffentlichkeit erstmals auf einer Atelier-Ausstellung eigener Werke zu Beginn des Jahres 1899. Es stand im Mittelpunkt einer Veranstaltung, die anfangs keine wirkliche Aufmerksamkeit erregen wollte. Ganze sieben Besucher sollen sich in den ersten fünf Tagen im Siegmunds Hof verloren haben[22]. Unter ihnen freilich einer, dessen Urteil Magnussens Leben entscheidend verändern sollte: der Maler Adolph von Menzel. Der galt nicht nur als Autorität ›in Sachen Friedrich II.‹, sondern genoss aufgrund seiner glorifizierenden Darstellungen von Preußentum und Hohenzollern auch die besondere Wertschätzung Wilhelms II. Menzel kannte bereits das Gipsmodell des *Philosophen von Sanssouci in seinen letzten Stunden*, und vermutlich teilte er das enthusiastische Urteil renommierter Kritiker wie etwa das des Kunsthistorikers Adolf Rosenberg. Der meinte, Magnussen habe mit diesem Werk seine »Naturanschauung und Formbehandlung, die sich in seinen bisherigen Schöpfungen ... sehr ungestüm gebärdet hatten, mit einem feinen, alle Extreme ausgleichenden Stilgefühl geläutert.« Er kenne kaum einen »Bildner«, so klingt diese in der renommierten Leipziger *Zeitschrift für bildende Kunst* erschienene Kritik aus, »der dem geistigen Wesen eines großen Mannes des 18. Jahrhunderts so vollkommen gerecht geworden ist, ... dem es geglückt ist, in der eindringlichen Charakteristik des Greisenhauptes die Summe eines ganzen Lebens zu ziehen.«[23]

Nachdem Menzel Magnussens Atelier-Ausstellung besucht und das Werk nunmehr in seiner marmornen Gestalt gesehen hatte, soll er zu seinem Bewunderer und Gönner Wilhelm II., geeilt sein, um ihn auf die Großartigkeit des Kunstwerks aufmerksam zu machen und ihm nachdrücklich dessen Begutachtung zu empfehlen: »Das müssen Majestät sehen!« Eigentlich hatte das Urteil Wilhelms II. über dieses Werk längst festgestanden, denn auch der Kaiser kannte bereits dessen Gipsmodell. Damals aber sei er, so wird es kolportiert, »achtlos«, ja geradezu »mit Widerstreben daran vorübergegangen, indem er äußerte, er wolle seine Vorfahren nicht als sterbende Greise dargestellt sehen.«[24] Seinen Sinneswandel hat dann offenbar die Autorität Menzels bewirkt. Jedenfalls machte er sich gemeinsam mit seiner Gattin umgehend auf den Weg nach Siegmunds Hof. »Eine volle Viertelstunde« soll er dann »vor

Harro Magnussen bei seiner Arbeit an der Gruppe *Der Philosoph von Sanssouci in seinen letzten Stunden*

der meisterlichen Arbeit« gestanden und sie »von allen Seiten betrachtet« haben, wortlos. Schließlich habe er sein Schweigen gebrochen, »und sein erstes Wort« sei gewesen: »›Das muß ins Sterbezimmer nach Sanssouci.‹« Dieses »›Ueberwiegen des Geistes über den Körper, der aus einander fällt, ist frappant; er sieht aus, als ob er sich noch einmal gerade aufrichten und sprechen wollte.‹« Magnussen zugewandt, habe der Kaiser dann noch bemerkt: »›Auf die Meinung von Menzel können Sie stolz sein, denn so leicht sagt der alte Herr das nicht; er weiß genau, was er will. Ich verlasse mich da ganz auf sein Urtheil. Er hat sich so hineingelebt in die Erscheinung und das Wesen des Königs, als ob er ihn persönlich gekannt hätte‹«[25].

Über den Verkauf der Skulptur hinaus bestand der unmittelbare Erfolg für Magnussen darin, dass seine aufgrund des prominenten Besuchers verlängerte Ausstellung in den nachfolgenden Tagen förmlich überrannt wurde. Am Ende sollen »6.000 Personen« gekommen sein, »um« in seinem »Atelier … den alten Fritz zu sehen«[26] – eine Zahl, die sicherlich weniger für das Kunstinteresse der Berliner sprach, sondern eher ihren Untertanengeist illustrierte. Beim Abschied soll ihm Wilhelm II. noch »die Anfertigung einer Nische in der Siegesallee in Aussicht«[27] gestellt haben, was beinahe schon ein Versprechen war. Denn kaum zwei Wochen später wurde Magnussen eine »Allerhöchste Kabinetsorder«[28] zugestellt, mit der er den Auftrag zur »Herstellung des Standbildes [›Kurfürst Joachim II. Hector mit den beiden Nebenfiguren Markgraf Georg von Ansbach und Matthias von Jagow‹ …] für die hiesige Sieges-Allee«[29] erhielt.

Nachtrag: In den 1970er Jahren entdeckte man das Gipsmodell der Gruppe im Nachlass des Berliner Architekten Hans Beutner wieder. In dessen Haus hatte die »Gipsfigur« jahrzehntelang »auf dem Trockenboden« gestanden, der »Kopf vom Rumpf getrennt«. Der »70 cm hohe und 75 cm breite Bozzetto« sei, so heißt es, »auf diskrete Weise in den Besitz der Familie« gelangt: Die Beutners und »Magnussens waren Grunewalder Nachbarn, und als solche verkehrte man gesellschaftlich miteinander, man hielt zusammen, wenn Not am Manne war.« In einer solchen Notzeit half Hans Beutner der »darbenden Familie«[30] Magnussen durch den Ankauf des Modells. Nach seiner Restaurierung wurde die Plastik mehrfach ausgestellt, u. a. in der großen Preußen-Ausstellung von 1981. Es hat angeblich noch ein zweites Gipsmodell dieser Figurengruppe gegeben, das Magnussen dem Invalidenhaus im Jahr 1900 vermacht haben soll. Über dessen Schicksal war nichts mehr in Erfahrung zu bringen, vermutlich wurde es durch die Kriegsereignisse zerstört[31]. Die marmorne Ausführung hingegen stand bis 1925 im Arbeits- und Sterbezimmer Friedrichs II. in Sanssouci, ehe sie ins Hohenzollern-Museum von Schloss Monbijou gelangte. Seit dem Ende des Zweiten Weltkriegs ist auch sie verschollen.

WENN WILHELM NICHT WÄRE...

Durch seine Mitwirkung an dem Prestigeobjekt Wilhelms II., der Ausgestaltung der Siegesallee, sowie einem daraus resultierenden, häufigen persönlichen Umgang mit dem Monarchen – die zeitgenössische Presse registrierte minuziös jede ihrer zahlreichen Begegnungen, ob sie nun in den Werkstätten des Künstlers, bei Denkmal-Enthüllungen oder im Zuge von Einladungen etwa ins Berliner Stadtschloss statthatten – wurde Magnussen einer der gefragtesten Porträtisten und Denkmal-Künstler im damaligen Deutschland. Dabei hatte er sich durchaus schon vor dem denkwürdigen Wiedersehen mit dem Kaiser einen Namen in Künstler- und Kritikerkreisen erobert, vor allem durch seine zahllosen Bismarck-Bildnisse. Von Medaillen über Büsten und Statuetten bis hin zu monumentalen Denkmälern wie denen in Groß-Lichterfelde (1894) oder Kiel (1897) stellte er Dutzende solcher Skulpturen her. Schon im Jahre 1900 hatte ein aufmerksamer Beobachter seiner Karriere fast fünfzig solcher Werke gezählt und ihre Qualität in der Bemerkung zusammengefasst, kaum eine »plastische Wiedergabe des grossen Kanzlers« könne sich »mit den besten Bismarckköpfen von Magnussen messen«[32]. Gleichwohl kam er, um es salopp auszudrücken, erst durch Wilhelm II. richtig gut ins Geschäft. Der Monarch hielt mehr als einmal seine schützende Hand über ihn, indem er sich durch Anregungen, nachdrückliche Empfehlungen oder gar Interventionen für ›seinen‹ Künstler einsetzte. Beeindruckend allein schon die Liste der von Magnussen in

Wilhelm II. im Atelier Magnussens vor dem Modell des Standbildes vom Kurfürsten Joachim II. Hector

den ersten Jahren des 20. Jahrhunderts erschaffenen Denkmäler: 1900 wurde das Monument *Fräulein Maria von Jever* vor dem Schloss der gleichnamigen Stadt enthüllt; 1901/02 entstanden kolossale Marmorstatuen Bismarcks, Moltkes und Roons für die Oberlausitzer Ruhmeshalle in Görlitz; 1903 erging, von Wilhelm II. veranlasst, der Auftrag für eine Statue des ehemaligen preußischen Kriegsministers Roon an ihn; 1905 entstanden ein Kaiser Wilhelm l.-Denkmal für Bonn und ein fast lebensgroßes Messingguss-Standbild Martin Luthers für Hamburg; 1908 ein Gustav von Moser-Denkmal in Görlitz – und dies ist nur eine Auswahl aus seinen in dieser Zeit erschaffenen Kolossalwerken. Was er seinem Monarchen verdankte, wusste Magnussen nur zu gut. Treffend und bündig hat er das in einem Brief festgehalten, in dem er eigentlich Klage über eher schlecht gehende Geschäfte führt, diesem Lamento aber sogleich hinzufügt: »wenn Wilhelm nicht wäre, wo wäre ich dann mit meiner Weisheit!«[33]

Dieses Schreiben trägt bereits eine neue Anschrift: »Harro Magnussen / Bildhauer / Atelier: Vom 1. April ab: Grunewald-Colonie Jagowstrasse / Privat-Wohnung: Vom 1. Juli ab: Grunewald-Colonie Delbrück-Ecke Jagowstrasse«.

SIGNIFIKANTES BEISPIEL ›JETZTZEITLICHER‹ BAUKUNST

»Harro hat Dir doch erzählt, daß wir ... bauen?« heißt es kaum mehr als nur rhetorisch in einem Brief Nora Magnussens an den plattdeutschen Dichter und ›Wahl-Oheim‹ der beiden Eheleute, Hermann Allmers. Natürlich hatte er nicht, wie die Gattin nur zu gut wusste. Und so finden sich denn, sieht man von einer beiläufigen Bemerkung Harro Magnussens über nicht näher beschriebenen Ärger beim Hausbau ab[34], die einzigen Zeilen über ein an sich doch bedeutendes Ereignis in seinem Leben – in einem der wenigen überlieferten Schreiben Eleonore Leskers. Sie freuten sich »alle drei«, Gattin, Ehemann und gemeinsamer Sohn Hans, »ungemein«, endlich »hinauszukommen aus dem Großstadtgetriebe« und »einen eigenen Fleck Erde« zu besitzen, auf dem man »nach Herzenslust« seinen »Kohl«[35] anbauen könne, heißt es weiter in diesem Dokument vom 31. Oktober 1899. Erst im Juni des Jahres waren die Bauzeichnungen der Villa der *Kurfürstendamm-Gesellschaft* zugegangen, im August erging dann die Baugenehmigung, und Mitte Januar 1900 konnte der Architekt bereits die Abnahme des Rohbaus beantragen, die einige Tage später erfolgte. Kaum sechs Monate danach bezog die Familie Magnussen ihr neues Domizil, das schon im darauffolgenden Jahr in einer von Robert Curjel herausgegebenen Sammlung moderner Wohngebäude, Villen und Einfamilienhäuser zum signifikanten Beispiel ›jetztzeitlicher‹ Baukunst erhoben wurde[36].

Das Gebäude stand auf einem Eckgrundstück im Berliner Grunewald, dort, wo sich die einstige Jagowstraße mit der Delbrückstraße kreuzte. Das gut 2300 Quadratmeter große Areal[37] stammte ursprünglich aus dem Besitz der renommierten Juristen-, Bankiers- und Gelehrten-Familie Dernburg, die sich schon früh in die Villenkolonie einge-

Die Villa in einer Aufnahme des 1902 erschienenen Bandes *Moderne Villen und Einfamilienhäuser: Sammlung moderner Wohngebäude, Villen und Einfamilienhäuser aus Stadt und Land ausgeführt von den ersten Architekten der Jetztzeit*

kauft hatte und dort mehrere Immobilien besaß. 1899 wurde es dann Eigentum des »Wirklichen Geheimen Oberregierungsrates« Carl Christian Lüders, der es offenbar durch einen Mittelsmann, und zwar den Grundstückskaufmann Max Troplowitz, erworben hatte: angeblich zum Preis von 650 Reichsmark pro (preußischer) Quadratrute, also für annähernd 96 000 Mark[38]. Das war bereits mehr als das Fünffache dessen, was die frühesten Bewohner der Villenkolonie für ihre Grundstükke hatten hinblättern müssen. Noch »im Gründungsjahre der Kurfürstendamm-Gesellschaft 1889 … wurde die Quadratrute … mit 120 Mk. verkauft.«[39]

Wie sich den damals noch durch die Presse gehenden Nachrichten über bemerkenswerte Immobilien-Käufe und -Verkäufe entnehmen lässt, gehörte Troplowitz zu den vor allem im Grunewald umtriebigsten und erfolgreichsten Maklern, der sich wenige Jahre später auch selbst – nein, nicht eine, sondern gleich zwei Villen leisten konnte. Die eine erstand er in der Delbrückstraße 10. Sie ist heute noch erhalten und steht mittlerweile unter Denkmalschutz. Die andere in der Delbrückstraße 19-21, mit der er Magnussens Nachbar wurde, legten alliierte Bomber während des Zweiten Weltkriegs in Schutt und Asche. Später geriet Troplowitz, dessen Vater, Bruder und Onkel ebenfalls kräftig auf dem Berliner Grundstücksmarkt mitmischten, mit seinem Geschäft in finanzielle Schieflagen, so dass er ab 1906 nur noch mit Zwangsverkäufen und »Subhastationen«, also Zwangsversteigerungen, Schlagzeilen machte. Zwei Jahre später ging seine Immobilienfirma endgültig in Konkurs. In dieser für ihn schwierigen Zeit war er sogar vorübergehend Mieter in der Delbrückstraße 23.

Für Lüders war die Immobilie nur ein Spekulationsobjekt, die er schon einen Monat später an Harro Magnussen weiterveräußerte. Man darf wohl davon ausgehen, dass er bei diesem Geschäft noch etliche Prozent auf den ursprünglichen Kaufpreis aufschlug, so dass die Magnussens allein für den Grund und Boden ihres Traums vom eigenen Haus im Grünen eine für damalige Zeiten sehr ansehnliche, mindestens sechsstellige Summe berappen mussten.

AUF DEN KNIEN HEINRICH HEINES

Als der Baugrund gekauft und mit der Errichtung der Magnussen-Villa begonnen wurde, lebte deren Nachbesitzer Emil Benjamin noch in Berlin. Seinen Zug nach dem Westen, der ihn vom Zentrum der Hauptstadt über Charlottenburg am Ende in den Grunewald führte, sollte er erst einige Jahre später antreten. Gleichwohl brachte das Jahr 1899 auch für ihn einschneidende Veränderungen mit sich: privat durch einen Umzug von der Kurfürsten- in die Nettelbeckstraße und beruflich durch die Aufgabe seiner Tätigkeit als Auktionator, die er ein gutes Jahrzehnt lang ausgeübt hatte. Doch wer war eigentlich dieser überaus vermögend gewordene und allseits geachtete Geschäftsmann, der zeitweilig die Schalthebel der wirtschaftlichen Macht Berlins entscheidend mitbediente? Was weiß man über ihn – außer, dass er der Vater zweier sehr bekannt gewordener Söhne war, nämlich des Schriftstellers Walter Benjamin sowie des von den Nationalsozialisten ermordeten Arztes, kommunistischen Bezirksabgeordneten und Widerstandskämpfers Georg Benjamin? Über seine beruflichen Tätigkeiten? Seine Herkunft? Über seine Ahnen und Verwandten?

Emil Benjamins Vater Bendix war in Schermbeck, einer kleinen Ortschaft im heutigen Regierungsbezirk Düsseldorf geboren, seine Mutter, Brunella Mayer, stammte aus Jülich. Zu den engeren Ahnen und Verwandten der Familie zählte einer der bedeutendsten deutschen Schriftsteller des 19. Jahrhunderts, der Dichter Heinrich Heine. Der war über die Familie van Geldern mit den Benjamins bzw. Mayers verwandt[40]. Seine Mutter, Peierche van Geldern, die sich nach ihrer Vermählung mit dem Tuchhändler Samson Heine aus Düsseldorf Betty nannte, war eine jüngere Schwester der Großmutter von Brunella Mayer, Brunella (auch Breinle) van Geldern. Heine war also ein Urgroßonkel Emil Benjamins bzw. der Großonkel von dessen Mutter, die er sogar noch, so will es wenigstens die Familienlegende, auf seinen Knien geschaukelt hat[41]. Dass derlei Anekdoten in der Benjamin-Mayerschen Familie von Generation zu Generation weitererzählt wurden, lässt darauf schließen, dass man stolz auf den berühmten Vorfahren war. Trotzdem hat Heine erstaunlich wenige Spuren in den Biographien seiner Nachkommen hinterlassen, was nicht zuletzt daran gelegen haben dürfte, dass ihm eben auch ein Makel anhaftete: nämlich der, christlich getauft zu sein. Das war in den Augen traditionsbewusster und strenggläubiger Juden geradezu ein Sakrileg. Und dem Zeugnis des Schriftstellers Walter Benjamin nach zählte die väterliche Familie zu den orthodoxen Juden[42], was sich etwa darin äußerte, dass im Hause Brunella Mayers »die jüdischen Feiertage und Freitagabende«[43] noch gebührend geachtet wurden. Selbst der Autor der *Berliner Kindheit um*

Heinrich Heine in einer Abbildung des Deutschen Musenalmanachs für das Jahr 1837

Neunzehnhundert, immerhin Literaturkritiker, hat auf seinem ureigensten Gebiet erst sehr spät den berühmten Ahnen kennen und schätzen gelernt. Natürlich kannte schon zu Walter Benjamins Jugendzeit jedes Kind *Die Lorelei*, sei es als Text, sei es in seiner populären Vertonung durch den Komponisten Friedrich Silcher. Und selbstverständlich war um die Wende vom 19. zum 20. Jahrhundert Heine längst Schulstoff, vor allem das *Buch der Lieder* mit der Ballade *Belsazar*, die gern zum Thema deutscher Aufsätze gemacht wurde[44]. Ansonsten aber musste selbst der schon 44jährige gestehen, allenfalls »geringe Kenntnis von Heine« zu besitzen. Erst 1936, im erzwungenen Exil, begann er, sich ernsthaft in die Schriften seines berühmten Vorfahren einzulesen, freilich nur in dessen »Prosa« und »soweit« diese »sich mit französischen Zuständen beschäftigt«[45]. »Einzig und allein« Heines »politische« Schriften seien ihm, so schrieb er seinem Freund Werner Kraft nach Lektüre von dessen Heine-Anthologie *Gedicht und Gedanke*[46], »in etwas assimilierbar – nicht dagegen … seine poetischen«[47]. Vermutlich wirkte hier noch das Verdikt des Herausgebers der legendären und von Benjamin wie Kraft regelmäßig gelesenen Zeitschrift *Die Fackel*, Karl Kraus, nach, der bereits 1910 in einer *Heine und die Folgen* betitelten Schrift den Stab über den zeitweilig wohl populärsten deutschen Dichter gebrochen hatte. Der streitbare Wiener Publizist tat Heine als billigen »Feuilletonisten« ab, und seine Lyrik schien ihm »nichts anderes als ein skandierter Journalismus«[48] zu sein.

SCHERMBECK

Als gegen Ausgang des 18. Jahrhunderts der aus wohlhabendem Essener Hause stammende Vater von Bendix Benjamin, Elias, einen Antrag zur Niederlassung in der kaum 30 Kilometer entfernten Gemeinde Schermbeck stellte, um die Tochter des dortigen »Schutz und Handels Juden«[49] Mathias Moses, Rösgen, zu heiraten, lebten in diesem Ort nur wenige Hundert Einwohner, und die jüdischen Familien unter ihnen konnte man noch an den Fingern einer einzigen Hand abzählen. Gut fünfzig Jahre später war Schermbeck zur »größten« jüdischen »Landgemeinde am Niederrhein« herangewachsen, die schon zu Beginn des 19. Jahrhunderts über ein eigenes Kultusgebäude (das dann um 1826 eine ziemlich imposante Synagoge mit hohen Fenstern und einem spätbarocken Mansarddach ersetzte), ein unmittelbar benachbartes jüdisches Ritualbad, die Mikwe, sowie einen eigenen Friedhof verfügte, der auf dem »Bösenberg« außerhalb des Ortes lag. Statistischen Angaben nach wohnten hier 1855 »97«[50] Angehörige einer »streng orthodoxen«[51] Gemeinde, die rund 11 Prozent der damaligen Gesamtbevölkerung ausmachten. Die rasante Entwicklung verdankte sich einerseits dem wirtschaftlichen Aufschwung der Stadt, vor allem ihrer Tuchindustrie. Schon im Jahre 1800 soll es über 50 Spinnereien und Webereien am Ort gegeben haben[52] (worunter man sich in der Mehrzahl freilich keine großen Manufakturen vorzustellen hat, sondern Familienbetriebe in den eigenen vier Wänden). Andererseits waren schon unter den napoleonischen Besatzern der Rheinlande fast alle restriktiven und erniedrigenden Ansiedlungsregelungen weggefallen, die dann auch nach der Befreiung von den Franzosen und der Wiederherstellung des politischen status quo ante von der preußischen Regierung nicht erneuert wurden. Noch Bendix Benjamins Vater Elias hatte für seinen Schutzbrief nicht nur tief in die Tasche greifen, sondern auch ein Vermögen von mindestens eintausend Reichstalern vorweisen müssen, denn den seinerzeit noch preußischen Herren über die Ortschaft waren nur vermögende Juden willkommen[53].

Die Mehrzahl der Schermbecker Juden lebte vom Vieh- und Kleinhandel oder, wie Elias Benjamins Familie, von der Stoffherstellung und dem Verkauf dieser Produkte. Es muss große Konkurrenz untereinander geherrscht haben. Und dieser harte Erwerbskampf dürfte eines der Motive gewesen sein, die Bendix Benjamin bewogen, seiner Heimatstadt den Rücken zu kehren. Als selbständiger Kaufmann hatte er dort keine Zukunft, zumal nicht er, sondern seine älteren Brüder Moses und Salomon die väterliche *Manufacturwarenhandlung Elias Benjamin & Söhne* erbten. Auch mögen der Wunsch, die Enge und Beschränktheit einer Landgemeinde hinter sich zu lassen, sowie ein gewisser Aufstiegswille hinzugekommen sein. Und letztlich war wohl ebenso ein ›gesellschaftlicher‹ Grund für seine Entscheidung von Belang, die strenge Sozialkontrolle eines Provinzortes gegen die Anonymität einer Großstadt (Köln) einzutauschen: Die öffentliche Reputation der Benjamins hatte durch den betrügerischen Bankrott eines Familienmitglieds arg gelitten. Die Rede ist hier von Bendix Benjamins ältestem Bruder Mathias, einem der ehedem »wohlhabendsten«[54] Männer der Jüdischen Gemeinde in Schermbeck und deren langjähriger, »toragelehrter«[55] Vorsteher, wie es auf dem Grabstein einer seiner Töchter heißt. Gegen den Schwiegersohn des angesehenen Landesrabbiners von Schleswig-Holstein und Altona, Ekiva Wertheimer, und Besitzer einer bedeutenden Spinnereifabrik wurde 1840 ein Konkursverfahren eröffnet[56], dessen juristischen Konsequenzen er sich durch Flucht entzog. Wo er Unterschlupf fand und wann er wieder in Schermbeck auftauchte, ließ sich nicht ermitteln. Nur, *dass* er in seinen Heimatort zurückkehrte, ist gewiss, denn er wurde nach seinem Tod auf dem dortigen Jüdischem Friedhof beigesetzt.

So verließ Bendix Benjamin schon einige Jahre vor seiner Vermählung (1852) den kleinen Ort, um sich in der 100 Kilometer südlich von Schermbeck gelegenen Metropole Köln anzusiedeln. In der rheinischen Domstadt kamen auch seine beiden einzigen Kinder zur Welt: 1854 zunächst die Tochter Friederica, die sich meist nur Friederike nannte, und am 4. März 1856 dann der Stammhalter, Sali Emil, wie er mit vollständigem Namen hieß, dessen Geburtshaus in einem noch heute erhaltenen Gebäude der Hohestraße 22/24 stand.

VON KÖLN ÜBER PARIS NACH BERLIN

Es ist erstaunlich, wie wenig man aus den Familienbiographien der Benjamins und Schoenflies'[57] über Emil Benjamin erfährt, von den zahlreichen Lebensbeschreibungen seiner Söhne Walter[58] und Georg[59] ganz zu schweigen: eigentlich nur, dass er in Köln geboren wurde, dort die Schule besuchte, anschließend eine Banklehre absolvierte, danach einige Zeit beruflich in Paris tätig war und wenige Jahre nach dem Tod seines Vaters nach Berlin übersiedelte. Dieses lückenhafte Wissen um seinen Werdegang hängt in erster Linie mit einer fast desolat zu nennenden Überlieferungslage zusammen. Denn von Emil Benjamin gibt es keine Schriften, haben sich keine persönlichen Aufzeichnungen oder

Notizen erhalten, und die paar Briefe seiner Hand, die alle Widrigkeiten der politischen Geschichte des 20. Jahrhunderts überstanden haben, sind kaum der Rede wert. Gleichwohl hat er durchaus zahlreiche Lebensspuren hinterlassen, nur hat man sie an eher unvermuteter Stelle zu suchen. Als erfolgreicher Geschäftsmann war Emil Benjamin nämlich eine Person öffentlicher Aufmerksamkeit, und das hat sich in zahllosen Artikeln der Wirtschafts-, Handels- und Finanzpresse seiner Zeit niedergeschlagen.

Bereits einige Jahre vor seinem Eintreffen in der Kapitale des Deutschen Reichs kursierte schon sein Name in Berlin. Und zwar tauchte er in einer kleinen, versteckten Zeitungsnotiz auf, die aufmerksamen Lesern der Hauptstadt-Presse nicht entgangen sein dürfte. Diese Nachricht betraf den Inhaber der renommierten Berliner Bank Edinger & Joseephy mit Sitz Unter den Linden 57, Julius Joseephy[60]. Der erteilte im Februar 1885 einem gewissen Sally Emile Benjamin »Procura«[61] für sein Geldhaus, um sie einige Monate später wieder löschen zu lassen[62]. Es war kein Unbekannter, den Julius Joseephy mit einer Handlungsvollmacht ausstattete. Denn Emil Benjamin war ein enger Verwandter, Bruder seiner Ehefrau Friederike Benjamin, mit der er seit 1874 verheiratet war. Vermutlich sollte ihm sein Schwager, der seinerzeit noch als »Banquier« (als der er sich in amtlichen Dokumenten auswies) in Paris tätig war, in einer dortigen Geschäftsangelegenheit behilflich sein.

Kaum drei Jahre danach gelangte Emil Benjamin persönlich in die aufstrebende Industrie-, Handels- und Hauptstadt, im Schlepptau die 61jährige Mutter. Das war 1888, das Jahr, in dem auch sein Name erstmals im Adressbuch Berlins auftaucht. Ihr frühestes Domizil fanden beide in der nach dem Botaniker Heinrich Friedrich Link benannten Straße nahe dem Potsdamer Platz und unweit der Residenz der zu dieser Zeit bereits verwitweten Tochter bzw. Schwester Friederike Joseephy in der Wilhelmstraße. Die Linkstraße blieb Emil Benjamins Wohnstätte bis zu seiner Vermählung drei Jahre später.

Familienporträt mit Emil Benjamin, Ehefrau Pauline Schoenflies, Walter Benjamin und dem gerade geborenen Sohn Georg, 1895.
Foto: J.C. Schaarwächter, Berlin

»Vor dem unterzeichneten Standesbeamten erschienen heute zum Zweck der Eheschließung«, so heißt es in der Heiratsurkunde des Standesamtes Berlin III vom 19. Juni 1891, »der Kaufmann Emil Benjamin ..., Sohn des Kaufmanns Bendix Benjamin zu Cöln am Rhein ... und dessen Ehefrau Brünella geborenen Mayer« sowie »die Pauline Elise Schönfließ, ohne besonderen Beruf ..., Tochter des Kaufmanns Georg Schönfließ und dessen Ehefrau Hedwig geborenen Hirschfeldt«[63]. Trauzeuge war neben dem Brautvater ein Onkel des Bräutigams, und zwar der Geschäftsmann Leopold Benjamin, Sohn des hier bereits erwähnten Mathias Benjamin. Wie, wann und wo hatte sich das Paar kennengelernt? War es eine Liebesheirat oder eine arrangierte Verbindung? Hatten die Eltern des Paares gar einen Schadchan, einen Ehevermittler, bemüht? Immerhin, so will es wenigstens die Familienlegende, sollte Pauline Schoenflies ursprünglich den Maler Walter Leistikow heiraten[64], der als Apotheker- und Fabrikbesitzersohn nicht nur beste Referenzen vorzuweisen hatte, sondern zu dessen engeren Freunden mit Max Liebermann auch ein entfernter Verwandter der Schoenflies' zählte[65].

Mit dieser Vermählung vereinten sich »die beiden Hauptzweige des deutschen Judentums«[66], Aschkenasim, d. h. jene Juden, die überwiegend in Mittel- sowie Osteuropa siedelten, und Sephardim, die, 1492 von der iberischen Halbinsel vertrieben, in den Folgejahrhunderten vornehmlich Gebiete in Nordwestdeutschland und den Niederlanden bewohnten. Und es war insofern ein bemerkenswerter Bund, als nach verbreiteter Ansicht Sepharden und Aschkenasen selbst dort, wo sie »aufeinander stießen« und in unmittelbarer »räumlicher Nähe« miteinander »lebten«, keine »wesentlichen Kontakte« pflegten und noch seltener untereinander heirateten, war ihr Verhältnis doch eher »von gegenseitiger Geringschätzung«[67] gekennzeichnet. Dass derlei Vorurteile im Falle der Eheschließung Emil Benjamins mit Pauline Schoenflies keine Rolle mehr spielten, illustriert nicht zuletzt den Grad der Emanzipation beider Familien von solch überholten ›Traditionen‹ des Judentums. Im Übrigen hatte sich ja bereits Jahre zuvor Emil Benjamins Schwester Friederike über sie hinweggesetzt, indem sie einen deutschen Juden aus dem Osten, den im Hinterpommerschen Temnick geborenen Julius Joseephy, heiratete.

Seinem ältesten Sohn Walter zufolge hatte Emil Benjamin in seiner Ehe keinen »leichten Stand«[68]. Dieser Eindruck des Erstgeborenen spiegelt zunächst nur die klassische Arbeitsteilung wider, wie sie auch im Hause Benjamin herrschte. In den eigenen vier Wänden ›kommandierte‹ die Ehefrau und Mutter, sie war verantwortlich für einen ordentlich geführten Haushalt und für die Erziehung der Kinder. Emil Benjamin dürfte an diesen Grundfesten eines seit Generationen erfolgreichen Modells kaum gerüttelt haben. Darüber hinaus aber muss Pauline

Schoenflies, wenigstens den Beschreibungen ihres Sohnes nach, eine sehr resolute Frau gewesen sein, die die »Neigung« hatte, »die kleinsten Handreichungen, Verhaltensweisen« ihrer Kinder zu Tests ihrer »Eignung für das praktische Leben zu machen«[69]. Und diese Beschreibung seiner Mutter passt nur zu genau in das Bild, das sich Hilde Chodziesner von ihrer Tante gemacht hatte. Ihr zufolge habe Pauline Schoenflies einen »schwereren Charakter« gehabt, dem »das Leichte, Schwebende, Heitere«, wie es beispielsweise ihre Schwester Elise auszeichnete, weitgehend abging[70].

Emil Benjamin hatte in eine Familie eingeheiratet, deren Mitglieder aus dem tiefsten deutschen Osten, dem Märkischen und Mecklenburgischen, Schlesischen, Hinterpommerschen und Posenschen, stammten. Teils verrieten ihre Namen noch die Landkreise und Ortschaften, in denen sie bzw. ihre Vorfahren geboren waren: Schoenflies (aus dem erst später zu einem Kurort, d. h. einem ›Bad‹ gewordenen Schönfließ in der Neumark), Crzellitzer (aus dem oberschlesischen Chrzelitz, später Schelitz), Chodziesner (aus dem posenschen Chodziesen, auch Kodschesen, zeitweilig auch Colmar, worauf noch der Künstlername der Dichterin Gertrud Kolmar, geborene Chodziesner, Bezug nimmt) sowie Stargardt (aus Preußisch Stargard). Zu den Ahnen und Verwandten von Pauline Schoenflies gehörten zahlreiche herausragende Persönlichkeiten Berliner und deutscher Geschichte: erfolgreiche Firmengründer und Geschäftsleute, renommierte Mediziner und Juristen, Wissenschaftler und Schriftsteller. Schon Emil Benjamins Schwiegervater, der aus Landsberg an der Warthe stammende Georg Schoenflies, gehörte zu den Notabeln seiner Branche. Ursprünglich Erbe eines *Tabak- und Cigarren-Fabrik-Geschäfts* in seiner Geburtsstadt, wechselte er mit seiner Übersiedlung nach Berlin das Metier und wurde zunächst Teilhaber, später Alleininhaber einer schließlich als *Kommissions- und Bank-Geschäft in Hypotheken, An- und Verkauf von Hausgrundstücken und Baustellen* operierenden Immobilien-Agentur. In seinem Gewerbe ›zählte‹ Schoenflies etwas, denn er war an einigen der wirklich großen Grundstückstransaktionen der Hauptstadt beteiligt wie etwa an dem Kauf und der Erschließung des ehemaligen Geländes der Brauerei Königstadt (zwischen damaliger »Strassburger- und Saarbrückerstrassen-Ecke«[71]) sowie des unweit vom Halleschen Tor in Kreuzberg gelegenen, rund fünf Hektar großen Are-

Georg Schoenflies

als der chemischen Fabrik Kunheim. Außerdem unterhielt Schoenflies beste Beziehungen zu einflussreichen Persönlichkeiten der Berliner Wirtschafts-, Finanz- und Kulturwelt. Zu seinen Kunden und Freunden zählten, um hier nur ein paar Namen herauszugreifen, der zeitweilige Reichstags-Abgeordnete Hugo Hermes, der Bankier Ludwig Bamberger (Mitbegründer der Deutschen Bank wie der Reichsbank), der »moderne Minnepoet«[72] Julius Wolff sowie der Altphilologe und Historiker Karl Eduard Geppert, der durch seine dreibändige *Chronik von Berlin von Entstehung der Stadt an bis heute*[73] dem einen oder anderen (Berliner) heute noch ein Begriff sein mag. Mitglied der Aufsichtsgremien zahlreicher Firmen, Genossenschaften und Verbände, Sachverständiger am Berliner Landgericht sowie Handelsrichter, ließ sich Schoenflies in seinen letzten Lebensjahren sogar noch zum Stadtverordneten des 43. Berliner Bezirks wählen. Dort gehörte er der Fraktion der Linken an, nach deren Spaltung jenen Abtrünnigen, die, »abgesehen von den Socialdemokraten, die äusserste Linke der Stadtverordneten-Versammlung«[74] repräsentierten. In diesem Parlament tat er sich »insbesondere als Mitglied der Finanzdeputation in eifriger und erfolgreicher Weise«[75] hervor.

Georg Schoenflies' Bruder Arthur Moritz brachte es als Mathematiker, Kristallforscher, Mitbegründer und zeitweiliger Rektor der Universität Frankfurt am Main zu reichsweitem, ja sogar europäischem Ansehen. Ein weiterer Bruder, Samuel Martin Schoenflies, wurde Professor an der Hochschule in Riga und hatte entscheidenden Anteil an der Reform des (beruflichen) Ausbildungswesens im damaligen Livland. Dessen Frau, Rosalie, geb. Hirschfeld, hatte eine noch imponierendere Biographie: Mitbegründerin des Vereins *Deutscher Lehrerinnen und Erzieherinnen*, dann nach ihrer Übersiedlung an die Düna »Mitbegründerin und Hauptlehrerin des ersten pädagogischen Seminars für

Lehrerinnen« und »ebenso … der ersten Mädchengewerbeschule, die zugleich die erste des russischen Reiches war«; außerdem Mitorganisatorin des ersten großen, internationalen Kongresses für Frauenwerke und Frauenbestrebungen in Berlin vom 19. bis 26. September 1896[76]; und nicht zuletzt erste Vorsitzende des von ihr 1905 mitbegründeten Vereins für Mutterschutz, der eine ganze Reihe fortschrittlicher Gesetze zum Schutz unehelicher Mütter und deren Kinder bewirkte. Georg Schoenflies' Schwager, der Geograph und Archäologe Gustav Hirschfeld leitete in den 1870er Jahren verantwortlich die Ausgrabungen im griechischen Olympia und brachte es an der Universität Königsberg zum Ordinarius für Archäologie. Der Nofrete-Entdecker Ludwig Borchardt und sein Bruder Georg – besser bekannt unter seinem Künstlernamen Georg Hermann und Autor eines der erfolgreichsten Romane deutscher Literaturgeschichte, der *Jettchen Gebert*, – waren als Enkel von Marianne Schoenflies, verheiratete Cohn, enge Verwandte. Der 1944 in Theresienstadt von den Nazis ermordete Ludwig Pick schließlich, ein Cousin von Pauline Schoenflies, eroberte sich als Pathologe internationales Renommee, und noch heute erinnert der Morbus Niemann-Pick bzw. das Niemann-Pick-Syndrom an ihn.

Zum weiteren Familienkreis der Schoenflies gehörten außerdem der Tabakfabrikant Judas Neumann, der 1850 eine Firma gründete, die unter seinem Sohn Berthold mit zeitweilig 220 Niederlassungen in 150 Städten sowie vier Produktionsstätten zu den größten Unternehmen dieser Branche in Europa gehörte. (1938 wurde es dann durch die Familie Ritter, Inhaber der ähnlich bedeutenden Brinkmann AG, ›arisiert‹.) Auch die Rathenaus, angesehene Berliner Juweliere und Bankiers, vor allem aber erfolgreiche Unternehmer und bekannte Politiker zählten dazu: Emil Rathenau schrieb mit der Gründung der *Deutschen Edison-Gesellschaft*, aus der dann die weltberühmte *Allgemeine Elektricitäts-Gesellschaft*, kurz: AEG, wurde, deutsche Industriegeschichte, sein 1922 im Grunewald ermordeter Sohn Walther (nicht nur) als Außenminister der Weimarer Republik Politikhistorie. Man könnte diese Liste noch lange fortsetzen…

In unser Firmen-Register ist unter No. 10012, woselbst die hiesige Handlung in Firma

Rudolph Lepke
Kunst-Auctions-Haus

mit dem Sitze zu **Berlin** vermerkt steht, eingetragen:

Der Kaufmann Sally Emil Benjamin zu Berlin ist in das Handelsgeschäft des Kunsthändlers und Kunstauctionators Paul Ludwig Rudolph Lepke zu Berlin als Handelsgesellschafter eingetreten und es ist die hierdurch entstandene Handelsgesellschaft, welche die Firma:

Rudolph Lepke's
Kunst-Auctions-Haus

angenommen hat, unter No. 10890 des Gesellschafts-Registers eingetragen.

Demnächst ist in unser Gesellschafts-Register unter No. 10890 die offene Handelsgesellschaft in Firma

Rudolph Lepke's
Kunst-Auctions-Haus

mit dem Sitze zu **Berlin** und sind als deren Gesellschafter die beiden Vorgenannten eingetragen worden.

Die Gesellschaft hat am 29. März 1888 begonnen. Zur Vertretung der Gesellschaft sind die beiden Gesellschafter nur in Gemeinschaft mit einander berechtigt.

Handelsregister-Eintrag über Emil Benjamin Einstieg bei Lepke

Die früheste Spur von Emil Benjamins Anwesenheit in der Hauptstadt des Deutschen Reiches bildet eine unscheinbare Notiz in der *Berliner Börsen-Zeitung*. Dort heißt es in den Handelsregister-Einträgen, am 29. März 1888 sei »der Kaufmann Sally Emil *Benjamin* zu *Berlin* … in das Handelsgeschäft des Kunsthändlers und Kunstauctionators Paul Ludwig Rudolph *Lepke* zu *Berlin* als Handelsgesellschafter eingetreten«. Die damit entstandene neue, »offene Handelsgesellschaft« habe den Namen »*Rudolph Lepke's Kunst-Auctions-Haus* angenommen« und zu ihrer »Vertretung« seien »die beiden Gesellschafter nur in Gemeinschaft mit einander berechtigt.«[77] Bemerkenswert an diesem Eintrag sind insbesondere zwei Dinge, die zum einen den Namen der Firma betreffen und zum anderen den Umfang der Teilhabe Emil Benjamins an ihr. Den definitiven, bis zum Ende seines Bestehens gültigen Namen – die letzten *Versteigerungen* des Hauses fanden im Jahr 1939 statt, im Handelsregister gelöscht wurde die Firma schließlich im Mai 1959 – nahm Lepkes Unternehmen erst 1888 an. Und bei seinem Einstieg in das Kunstauktionshaus beteiligte sich Emil Benjamin mit einem offenbar so hohen Betrag, dass er gleichberechtigter Zeichnungspartner wurde. Was aber ließ den Bankkaufmann sein vielleicht angespartes, vielleicht vom Vater ererbtes Geld ausgerechnet im Kunsthandel anlegen? Was repräsentierte denn *Rudolph Lepke's Kunst-Auctions-Haus* in Berlin?

Rudolph Lepke.
Foto: Hugo Danz, Berlin

Stößt man in der zeitgenössischen Publizistik, die die Entwicklung des Berliner Kunsthandels in der zweiten Hälfte des 19. Jahrhunderts begleitete, auf den Namen ›Lepke‹, so kann man leicht die Orientierung verlieren. Denn bei den Mitgliedern dieser Familie handelt es sich um eine ganze Dynastie von Kunsthändlern. Der erste unter ihnen war Nathan Levi Lepke. Von Dessau kommend, gelangte er 1840 nach Berlin, wo er in der Behrenstraße die Kunsthandlung N. L. Lepke eröffnete, mit der er schon bald in die Prunkallee der damaligen Residenzstadt, Unter den Linden, zog. Im Jahr darauf gesellte sich ihm sein Sohn Louis Eduard zu, der ein eigenes Geschäft gründete, das sich zunächst in der Friedrichstraße befand. In den 1860er Jahren kamen dann noch die beiden Söhne Louis sowie Julius Lepke hinzu, die ihre Tätigkeit im Betrieb des Vaters erlernten, ausübten und ihn schließlich beerbten. Der letzte in der Reihe sollte der berühmteste unter ihnen werden: Rudolph Lepke, der Sohn von Louis Eduard.

Als Rudolph Lepke[78] geboren wurde (1845), gab es in Deutschland noch keinen nennenswerten Kunst*auktions*handel, am wenigsten in Berlin. Man sagte der Großstadt mit ihren rund vierhunderttausend Einwohnern nach, der Kunst nicht sonderlich gewogen zu sein. Mit den revolutionären Ereignissen der Jahre 1848/49 kam der Handel mit Kunst und Antiquitäten dann sogar fast völlig zum Erliegen. Erst nachdem (vornehmlich) preußische Truppen den Volkserhebungen in Deutschland ein blutiges Ende bereitet hatten, nahm auch der Kunsthandel erneuten Aufschwung. Man sah wieder einen Lichtstreif am Horizont oder, wie es der Berlin-Korrespondent der Wiener *Presse* in einer kleinen Notiz vom Oktober 1849 ausdrückte: »Als erfreuliches Zeichen einer sich entwickelnden, vertrauensvolleren und friedlicheren Zeit verdient erwähnt zu werden, daß auch bei unsern Kunsthändlern die Nachfrage nach Kunstgegenständen, besonders nach Oelgemälden, sich steigert. Die reiche Kunsthandlung des Herrn Lepke unter den Linden, welche sich in dem vorigen und gegenwärtigen Jahre, wo die Kunst ganz darniederlag und es den Künstlern daher überaus traurig ging, das Verdienst erwarb mehr als 20 Künstler fortdauernd zu beschäftigen, deren Kunstgegenstände sie im Auslande zu verkaufen suchte, wird jetzt besonders zahlreich von Käufern besucht.«[79] Welcher Lepke hier gemeint ist, ob der Großvater oder Vater von Rudolph, ist nicht ersichtlich. Denn beide hatten schon zu dieser Zeit einen gewissen Ruf in der Stadt, und beide führten einen Gemäldesalon in Berlins repräsentativster Straße: der eine Unter den Linden 17, der andere unter der Nummer 59.

Wer damals mit Kunst im weitesten Sinne handelte, hatte für gewöhnlich schon eigene Geschäftsräume. Doch um ihre Existenz abzusichern oder mit dem eigenen Betrieb zu expandieren, begaben sich Kunsthändler häufig noch auf Reisen, um mal hier, mal dort ihre Ware feilzubieten und sie direkt, durch individuelle Verhandlung, an den Mann zu bringen. Nathan Levi Lepke beispielsweise weilte häufig in Hamburg, wo er seine Anwesenheit der Kundschaft per Zeitungsannonce mitteilte: »Einem kunstliebenden Publicum zeige ich hierdurch ergebenst an, daß ich eine Anzahl werthvoller älterer und neuerer Oelgemälde mitgebracht und solche in meiner Wohnung« – lies: meinem Logis – »Hôtel zum Weidenhof, großer Burstah, zur geneigten Ansicht aufgestellt habe. N. L. Lepke, Kunsthändler aus Berlin.«[80] Erst mit Beginn der 1850er Jahre etablierten sich in München, Leipzig, Stuttgart und schließlich auch in Berlin die ersten Firmen, die ihre Ware – von wirklicher Kunst über kunstgewerbliche Erzeugnisse bis hin zum bloßen Tand – durch öffentliche Auktionen zum Verkauf brachten. Zu diesen Unternehmen gehörte nach dem Ableben des Firmengründers auch die Kunsthandlung N. L. Lepke, die unter der Ägide der Erben mehr und mehr dazu überging, ihre Antiquitäten *unter den Hammer zu bringen*.

Die Perspektiven, die dieser vielleicht risikoreichere, aber eben auch höhere Umsätze und Gewinne versprechende Handel eröffnete, und die

Tatsache, dass er sich neben dem traditionellen Ladengeschäft mit Antiquitäten und Kunstwerken rasch etablierte, mögen den letzten der Lepke-Dynastie, Rudolph, davon überzeugt haben, seine eigentliche Berufung im Metier des hammerschwingenden Versteigerers zu suchen: als (»vereideter«) »Königlicher und städtischer Auctions-Commissarius für Kunstsachen und Bücher«, der später auch als Sachverständiger bei Berliner Gerichten tätig wurde. Das dafür nötige Wissen erwarb er sich, nach Absolvierung einer grundsoliden Buchhändler-Lehre, im Betrieb des Vaters.

RUDOLPH LEPKE'S KUNST-AUCTIONS-HAUS

In einem »kurzen Rückblick auf die verflossenen Jahre« seiner »Thätigkeit und die verschiedenen Phasen der Entwickelung des Kunst-Auctions-Hauses«, den er sich bei Erscheinen des eintausendsten Kataloges (1895) gestattete, schreibt Rudolph Lepke, sein »erster Auctionskatalog« sei der der Versteigerung der »*Panneberg'schen* Gemäldesammlung … am 17. und 18. Mai 1865« gewesen. Das damalige Verzeichnis habe freilich noch keine fortlaufende Nummer aufgewiesen, da »die Nummerirung der Kataloge erst mit der Begründung des eigentlichen Kunst-Institutes im Jahre 1869 begann«[81]. Nimmt man dieses heute nur schwer zu findende, immerhin 34seitige Druckwerk zur Hand, stößt man weder auf dessen Titelblatt noch irgendwo sonst auf seinen Namen. Besagte Versteigerung werde, so heißt es vielmehr, durch den »Königlichen Auctions-Commissarius für Kunstsachen, Herrn Dr. Th. Müller« besorgt und »der Katalog … durch die Kunsthandlung von Louis Eduard Lepke«, der des Vaters also, »ausgegeben«[82]. Schmückte sich Rudolph Lepke hier mit fremden Federn? Oder hatte der eben Zwanzigjährige tatsächlich die Aufnahme und Beschreibung der Auktions-Objekte eigenständig besorgt? Und sein Name fehlt nur deshalb im gedruckten Katalog, weil die Erwähnung eines völlig Unbekannten, der bis dato durch keine besondere Kennerschaft – weder des Kunsthandels noch der Kunstgeschichte – aufgefallen war, dem erhofften Geschäft kaum zuträglich gewesen wäre? Diese Fragen sind heute nicht mehr zu beantworten. Sie veranschaulichen aber, dass es so etwas wie einen Gründungsmythos des Kunstauktionshauses von Rudolph Lepke gegeben hat. Und an dessen Entstehung hat der Firmengründer selbst, ungeachtet seiner zweifelsfreien Verdienste und Erfolge, kräftig mitgestrickt – wie sich denn auch alle späteren Historiographen des Unternehmens gern daran gehalten haben.

Als selbständiger Auktionator und Kunsthändler mit eigenem Geschäftslokal in der Berliner Kronenstraße 19a taucht Rudolph Lepkes Name erstmals 1869 auf. Im Dezember des Jahres schaltete er in der »Rigaschen Zeitung« eine *Kunst-Anzeige*, mit der er den Lesern des Blattes mitteilte, »der Unterzeichnete« würde demnächst »eine Sammlung vorzüglicher moderner und älterer Gemälde« zur Versteigerung bringen. Außerdem kämen »Aquarelle und Antiquitäten, letztere zumeist aus A[lexander] von Humboldt's Nachlass … zum Verkauf.«[83] In den frühen Jahren seiner Tätigkeit wurde Lepke häufig noch für andere Firmen aktiv. So beispielsweise im November 1872, als er im Auftrag des renommierten Berliner Kunst-Antiquariats von Amsler & Ruthardt Radierungen holländischer Künstler aus dem Nachlass des Barons Heinrich von Mecklenburg versteigerte[84]. Handelte er hingegen in eigener Sache, dann brachte er neben Werken moderner und zeitgenössischer Künstler, denen anfangs noch seine besondere Aufmerksamkeit galt, unterschiedslos so ziemlich alles unter den Hammer, was alt und auch nur im entferntesten Sinne als ›Kunst‹ anzusehen war. Aus heutiger Sicht nehmen sich viele dieser Versteigerungen beinahe wie Ramsch-A(u)ktionen und Räumungsverkäufe wertvollerer Objekte aus. Das illustriert, um hierfür nur ein Beispiel beizubringen, eine Veranstaltung vom Dezember 1873. Damals gelangten »alte Gemälde« unter den Hammer, »ferner Geweihe, darunter eins vom Rothhirsch, ungerader, außerordentlich schöner Zweiundzwanzigender von abnormer Bildung …, Tabaksdosen …, Gläser …, eine Miniature …, Pendulen und andere Broncen …, auch antike, getriebene Gefäße von Silber und solche in Filigran-Arbeit, alte Porzellane …, ein Steinkrug … etc.«, des weiteren »Gemälde und Aquarelle« und schließlich noch »Mappen mit Kupferstichen und Landkarten, auch einzelne Drucke …, Japanische Malereien u. v. A. m.«[85] Selbst die Presse, die Lepkes Wirken ansonsten überaus wohlwollend begleitete, verlieh gelegentlich ihrem Erstaunen ob solch' »mannigfachem Durcheinander der eigenthümlichsten Kunstgegenstände«[86] Ausdruck, das freilich nur die Unternehmensphilosophie des Hauses in den ersten zwei Jahrzehnten seines Bestehens widerspiegelte: nämlich die, den »verschiedensten Ansprüchen genügen« zu wollen, zugleich solchen wirklicher Sammler und Kenner wie auch denjenigen des »Liebhabers«, der »sich für geringe Preise die Zimmer anständig decoriren möchte.«[87] Ein wahrer Drahtseilakt, mit dem es erst nach Lepkes Rückzug aus dem operativen Geschäft zu Ende ging, als man stärker das eigentliche Kunstgeschäft von dem der Antiquitäten und des Kunstgewerbes trennte.

Im Dezember 1876 bezog Lepke in der Berliner Kochstraße neue und großzügigere Geschäftsräume, ein Zeichen dafür, dass es mit der Firma stetig aufwärts ging. Wenige Monate später ließ er dann sein Unternehmen unter jenem Namen ins Handelsregister eintragen, unter dem es längst in aller Munde war. (Nur das ›s‹ mit Apostroph als Anhang zum Namen fehlte noch und kam erst, wie gesehen, 1888 hinzu.) Angezeigt wurde dies u. a. in der *Berliner Börsen-Zeitung* vom 5. April 1877, und zwar in den Mitteilungen über Neueinträge ins Handels-Register. Demnach sei am Vortag »die Firma: *Rudolph Lepke Kunst-Auctions-Haus* und als deren Inhaber der Kunsthändler und Kunstauctionator Rudolph *Lepke* hier (jetziges Geschäftslocal: Kochstrasse 29) eingetragen worden.«[88] Dies also ist das eigentliche Gründungsdokument eines Kunstauktionshauses, das in den nächsten Jahrzehnten zum größten Berlins, wenn nicht des gesamten damaligen Deutschen Reiches aufsteigen sollte und schließlich sogar den bedeutenden internationalen Auktionshäusern in London, Paris und Wien ernsthafte Konkurrenz machte.

Dass Lepkes Betrieb bereits Ende der 1880er Jahre zu den »weltbekannten«[89] zählte, wie ein ungenannter Redakteur der *Berliner Börsen-Zeitung* beiläufig in einem Artikel aus dem Jahre 1888 schrieb, stellt eine wohlwollende Übertreibung dar. Gleichwohl hatte der Firmengründer bis zum Einstieg Emil Benjamins in das Unternehmen schon einige Aufsehen erregende Auktionen veranstaltet, die nicht nur in Berlin und den übrigen deutsch(sprachig)en Landen, sondern ebenso im Ausland Aufmerksamkeit erregten. Dazu zählte beispielsweise die Versteigerung der Gräflich »Sierstorpff'schen Gemälde-Galerie vom Schlosse Driburg«[90]

im April 1887, auf der u. a. einige bis heute unidentifizierte Gemälde von Lucas Cranach d. Ä.[91] sowie Werke von Peter Paul Rubens, Adriaan van de Velde, Nicolaes Berchem, Gaspard Poussin, Anthonis van Dyck (sein Brustbild *Knabe mit gelocktem Haar*), Frans Hals d. Ä. und Rembrandt unter den Hammer kamen. Die Veranstaltung, auf der ein Bild des Niederländers Jacob van Ruisdael, *Die Haarlemer Bleiche* (d. i. *Die Bleichen bei Harlem*), mit 16 400 Mark das Rekordergebnis erzielte, habe, so schrieb seinerzeit der Korrespondent der *Hamburger Nachrichten*, ein »durchaus internationales Gepräge« besessen. »Galerie-Directoren …, bekannte Großhändler« sowie renommierte Sammler aus »Paris und Köln, … aus Hamburg, London, München, Baden-Baden und Stuttgart« seien herbeigeeilt und hätten »mit den bekannten Berliner Händlern und Sammlern den geräumigen Saal bis auf den letzten Platz«[92] gefüllt. Bis zu diesem Zeitpunkt bildeten Versteigerungen mit internationalem Anstrich noch die Ausnahme in der Geschichte des Lepkeschen Hauses. Auch für dieses Unternehmen dürfte das Wort des wohl wichtigsten Berliner Museumsmannes der Jahrzehnte um 1900, Wilhelm von Bode, gelten, der im Rückblick meinte, es habe über lange Zeit keine wirkliche »Internationalität im Berliner Kunstmarkt« gegeben, »kaum, daß Sammlungen aus dem Reiche ihre Verwertung« in der Hauptstadt gesucht hätten. »Berlin und die nähere Provinz« seien »die Quellen« gewesen, »aus denen das Material für die Kunstversteigerungen floß. Für Berliner Sammler und Händler großen Stils« sei »das Ausland bei höheren Ansprüchen« bis zum Ende des 19. Jahrhunderts »unentbehrlich«[93] geblieben. Als sich das änderte, kam Lepke freilich eine Vorreiterrolle zu, und die hätte er kaum spielen können, wenn es ihm nicht gelungen wäre, seinem Unternehmen neues Geld zuzuführen. In diesem Zusammenhang ist Emil Benjamins finanzielles Engagement bei Lepke zu sehen.

Dass der »Banquier« Emil Benjamin sein Vermögen ausgerechnet im Kunsthandel anlegte, hat man mit gewissen Wesenszügen zu erklären versucht. Er sei halt nicht allein Kaufmann gewesen, sondern ebenso Kunstliebhaber[94]. Aber gehörte er wirklich zu den Menschen, die existenzsichernde Überlegungen ihrer Passion unterordnen? Darauf deutet nur wenig in seiner Biographie hin. Was immer er in seinem Geschäftsleben anpackte, belegt ein eher kühl kalkulierendes Wesen, das sich von

Leidenschaften wenig beeinflussen ließ. So darf man auch bei seinem Einstieg bei Lepke davon ausgehen, dass rein kaufmännische Überlegungen den Ausschlag gaben. Etwa die Bekanntheit des Kunstauktionshauses, das stets eine ›gute (Berliner) Presse‹ hatte. Oder auch der anhaltende Erfolg des Unternehmens, wie er sich in beeindruckenden Zahlen niederschlug, die Berichten über das jeweils abgelaufene Geschäftsjahr zu entnehmen waren, die Lepke alljährlich den städtischen Behörden einreichte. Was in ihnen geschrieben stand, konnte jeder Berliner Zeitungsleser den lokalen Blättern entnehmen, die ihrem Publikum mehr oder minder regelmäßig ausführliche Zusammenfassungen dieser eben auch »interessanten Beiträge zur Kunstgeschichte Berlins« boten. Da stand dann etwa, dass im abgelaufenen Geschäftsjahr 1884 »gegen 60 Versteigerungen« in der Kochstraße stattgefunden hätten, »davon auf Grund von gedruckten und oft mit künstlerischem Geschmack ausgestatteten Katalogen, und im Auctionshause 46«. Am häufigsten, »nämlich 27 Mal«, seien dabei »Ölgemälde unter den Hammer« gekommen, wobei rund »4.000 Gemälde und Aquarelle versteigert« worden seien, »darunter viele Werke von Künstlern allerersten Ranges.« Darüber hinaus hätten auf vierzehn »Antiquitätenversteigerungen ... über 5.000 Objekte«, auf »8 Kupferstich-Auctionen ... über 10.000 einzelne Stiche« und auf »4 Bücherversteigerungen mehr als 4.000 Bände« ihren Käufer gefunden. Das waren an sich schon beeindruckende Zahlen. Wenn dann der eventuell interessierte Investor auch noch las, das Unternehmen werde mit dem beginnenden neuen Jahr »in weit vergrößerter Gestalt«[95] hervortreten, da man einen an das Stammhaus angrenzenden Neubau mit weiteren, großzügigen Auktionssälen einweihen werde, war zumindest das Interesse derjenigen geweckt, die es auf eine ebenso solide wie gewinnbringende Anlage ihres Geldes absahen.

Umgekehrt stellte der zunehmende Erfolg seines Hauses auch Rudolph Lepke vor eine Entscheidung: Wollte er seine rasch wachsende Firma konsolidieren und zugleich weiter expandieren, dann brauchte er dringend frisches Kapital. Und so mögen denn diese beiden Dinge die zwei Geschäftsleute zusammengebracht haben. Der eine (Lepke) brauchte neues Geld, der andere (Benjamin) erblickte in dem sich blendend entwickelnden Unternehmen eine lohnende Investition. Über die für dieses Metier unerlässlichen Kenntnisse verfügte der neue Teilhaber, und darüber

Venezianischer Mohr, zweite Hälfte 19. Jahrhundert

dürfe sich auch Lepke nicht im Unklaren gewesen sein, allenfalls in begrenztem Umfang. »Hin und wieder« habe sein Vater, so heißt es selbst in den Erinnerungen seines ältesten Sohnes, einen eigenen »Ankauf« bei Lepke mit »nach Hause« gebracht. »Daß er dabei im ganzen mit viel Glück verfuhr«, glaubte Walter Benjamin jedoch nicht, »ausgenommen vielleicht seine Teppichkäufe«, bei denen er »die Qualitäten der Gewebe mit dem Ballen des Fußes auseinanderhalten konnte, wenn er nicht allzu dicke Sohlen trug.« Ausdruck eines eher zweifelhaften Kunstgeschmacks seines Vaters war Walter Benjamin »ein Mohr« im Hause, »der, beinah lebensgroß, auf einer um ein dreißigstel verkleinerten Gondel stand und mit der einen Hand ein Ruder hielt, das man herausziehen konnte, auf der andern eine goldene Schale erhob.« Das Kunstwerk war »aus Holz, der Mohr schwarz, Gondel und Ruder leuchteten unter dem Firnis in vielen Farben.«[96]

Als Auktionator des Hauses Lepke hat Emil Benjamin kaum Spuren hinterlassen. In den regelmäßig erscheinenden Artikeln der Tages- und Fachpresse zu Lepkes Versteigerungen, in den Darstellungen der Geschichte des Hauses, seinen Katalogen sowie in Fest- und Jubiläums-Schriften sucht man seinen Namen vergebens[97]. Offenbar hatte er nicht das Charisma eines Rudolph Lepke, der rastlos bei Erben und Künstlern umherzog, auf Auktionen in Wien und Paris mitbot, um interessante Ware für seine Berliner Kundschaft einzukaufen, und im Übrigen beste Beziehungen bis hinein in die höchste Berliner Museumsverwaltung unterhielt. (Zum engeren Freundeskreis Lepkes gehörte u. a. der hier bereits zitierte Kunsthistoriker Wilhelm von Bode, auf dessen Initiative hin 1887 rund »2.000 … verschiedenste Kunstgegenstände aus den Magazinen der Königlichen Museen«[98] bei Lepke versteigert wurden.) Ebenso wenig verfügte er über den Witz und die Schlagfertigkeit des ›alten Neumann‹, der lange Zeit »Ausrufer« (d. h. Auktionator) bei Lepke war. Der ließ es sich selten nehmen, zur Erheiterung des Publikums den Losgewinner noch mit einer humorvollen Bemerkung zu verabschieden. Wie etwa eine junge Dame, die gerade »ein Dutzend feinster Sevrestassen« ersteigert hatte. Bei der Übernahme dieser wertvollen Objekte drohten einige zu Boden zu fallen, und Neumann rief ihr geistesgegenwärtig zu: »Machen Sie man nich zwee Dutzend draus!«[99] Schließlich hatte Emil Benjamin auch nicht die wissenschaftliche Vorbildung eines Hans Carl Krüger, dessen bemerkenswerte Kataloge nach Meinung ausgewiesener Fachleute selbst »für die Kunstwissenschaft und -forschung von dauerndem Wert«[100] blieben.

Allein im Wirtschafts- und Handelsteil der Berliner Tagespresse – genauer gesagt: in den trockenen Einträgen des Handelsregisters – taucht Emil Benjamin namentlich auf. Nach 1888 ein zweites Mal 1892, als sich Rudolph Lepke aus dem operativen Geschäft zurückzog und seine Anteile an den Berliner »Landschaftsmaler« Colmar Schmidt verkaufte. Diesbezüglich heißt es in der *Berliner Börsen-Zeitung* vom 11. Januar 1892, dass die nunmehr allein Zeichnungsberechtigten der Firma die »beiden Gesellschafter *Benjamin* u. *Schmidt*« seien, aber nur »in Gemeinschaft mit einander«[101]. Lepke blieb dem einst von ihm gegründeten Haus nur noch als Auktionator erhalten, vor allem bei Veranstaltungen »von Bedeutung«[102]. Dazu gehörte beispielsweise die Versteigerung der der Nachlässe des Breslauer Stadtrichters Friedländer, des Münchner Malers Christian Morgenstern und des Berliner Kunstsammlers Adam Gottlieb Thiermann, die Lepkes eintausendste Auktion *nach Katalog* war.

Weit über ein Jahrzehnt war Emil Benjamin bei Lepke tätig, und als Zeichen dessen, dass er lange Zeit einen ›richtigen‹ Beruf ausgeübt hatte, lag der für seine Tätigkeit unverzichtbare »Hammer immer auf seinem Schreibtisch«[103], wie es wiederum in den Erinnerungen seines Sohnes heißt, der den Vater freilich nie in seinem Wirken erlebte. Am Ende sollen es »ungünstige Einflüsse« gewesen sein, die ihn »viel zu früh« aus einem Geschäft gedrängt hätten, »das seinen Fähigkeiten wahrscheinlich garnicht schlecht entsprochen«[104] habe. Welcher Art diese ungünstigen Einflüsse waren, lässt sich heute nicht mehr ermitteln, wohl aber der Zeitpunkt von Emil Benjamins Rückzug aus dem Unternehmen.

Der fand, nachdem bereits im Sommer Gerüchte die Runde machten, »das weltbekannte Kunstauctionsinstitut von Rudolf Lepke« sei »von einem Rechtsanwalt«[105] erworben worden, mit Ablauf des Jahres 1899 statt. Neue Besitzer wurden die Gebrüder Adolf und Gustav Wolffenberg. Von der in der einschlägigen Literatur immer wieder behaupteten Übergabe des Geschäfts *noch durch Rudolph Lepke selbst* findet sich in allen zeitgenössischen Dokumenten, insbesondere den Einträgen ins Handelsregister, keine Spur. Auch ging das Unternehmen nicht, wie oft zu lesen ist, an *drei*, sondern zunächst nur an diese zwei neuen Gesellschafter über. Der ›Dritte im Bunde‹, der schließlich noch ins Boot kam, Lepkes langjähriger Mitarbeiter Hans Carl Krüger, wurde erst im Kriegsjahr 1916 Teilhaber des Unternehmens, um es am Ende (1935) schließlich allein zu übernehmen, als die Gelegenheit dazu besonders günstig war. Denn mit den so genannten Nürnberger Rassengesetzen waren die jüdischen Gebrüder Wolffenberg gezwungen, ihre Anteile weit unter Wert zu veräußern. Fortan verdiente das Auktionshaus kräftig am Verkauf ›nichtarischen‹ Besitzes mit, worunter auch der Nachlass der ehemaligen Inhaber fiel[106].

SPEKULANT? NEIN, RENTIER!

Mag Emil Benjamin auch eher unfreiwillig bei Lepke ausgeschieden sein – seine Anteile am Kunstauktionshaus dürfte er aufgrund der anhaltend guten Geschäftsentwicklung der Firma teuer verkauft haben. Statt einer Tätigkeit, die ihn frühmorgens aus dem Hause führte und ihn spätabends zurück ins eigene Heim brachte, widmete er sich fortan »mehr und mehr … spekulativer Anlagen seiner Gelder«[107]. Nach *heutigem* Verständnis also ein ›Geschäftemacher‹ der übleren Art, eben ein ›Spekulant‹ mit all den Negativkonnotationen, die der Begriff in sich birgt. Die Betroffenen sahen es freilich anders. Für sie war der Terminus ein Kleine-Leute-Schimpfwort, eines, mit dem nur die Erfolglosen hausieren gingen. Und damit waren sie in diesem Streit um Worte durchaus im Recht. Denn auf wirklich waghalsige Geschäfte (dies der Aspekt, den der Begriff seiner etymologischen Bedeutung nach in erster Linie trifft) ließen sie sich nur selten ein. Im Übrigen hielt der damalige Sprachgebrauch für jemanden, der von den Erträgen seiner – auch Risiko- – Anlagen mehr oder minder gut lebte, einen vornehmeren Terminus bereit: Rentner bzw. (französisch:) Rentier. Diese ›Berufs‹bezeichnung war durch die deutsche Literatur von Goethes *Wahlverwandtschaften* bis zu Theodor Fontanes *Effi Briest* gewissermaßen geadelt. Als fortschrittlich galt, wer sein Geld nicht nur in staatliche Schuldverschreibungen investierte, sondern ebenso in Aktien, Grundstücke, Optionen, Obligationen u. a. m. Diese Anerkennung glaubt man noch aus den Bemerkungen von Emil Benjamins Sohn Walter herauszulesen, der sich ansonsten eher kritisch über seinen Vater äußerte: Der Senior habe neben »manchen Hemmungen, die nicht nur seinem Anstand sondern auch einer gewissen staatsbürgerlichen Bravheit entsprangen, doch im Grunde die unternehmende Natur des großen Kaufmanns«[108] besessen. Wie, wo und mit welchem Erfolg Emil Benjamin seine Investitionen tätigte, davon soll hier noch die Rede sein. Auf jeden Fall ›spekulierte‹ er, was hier nur am Rande erwähnt sei, schon zu seinen Zeiten bei Lepke. Zwar lassen sich die Details und Hintergründe dieser Geschäfte heute nicht mehr rekonstruieren, aber einige dieser frühen Transaktionen veranschaulichen doch, ein wie ›glückliches Händchen‹ er in Geldangelegenheiten hatte. Im Januar 1898 fand die Zwangsversteigerung eines größeren Grundstücks in Charlottenburg statt, dessen »Nutzungswerth« auf »10.390 M.« geschätzt wurde. Emil Benjamin erstand es für gerade ein Achtel seines bloßen Nutzwertes, für ganze »1.300 M.«. Seinen neuen Besitz »cedirte«[109] er dann umgehend zwei Berliner Bau-Unternehmern. Und schon 1893 hatte er, ebenfalls im Zuge einer Subhastation, ein in der Charlottenburger »Strasse 12a« (später Bleibtreustraße) gelegenes, über acht Ar großes Grundstück erworben. Der Kaufpreis betrug gerade einmal 100 Mark mehr als das Mindestgebot von 69 700 Mark[110]. In den nächsten Jahren entwickelte sich dieses Areal zu einem der ›Filetstücke‹ der Stadt.

Hilde Benjamin, geb. Lange, die Ehefrau von Georg Benjamin, erinnerte die ganze Konstruktion des Magnussen-Anwesens im Grunewald an einen mittelalterlichen Bau, eine »burgartige Villa«[111]. Und dieser Eindruck drängte sich angesichts einiger besonderer Stilelemente geradezu auf. Zwar zieren die drei beherrschenden Giebel Elemente des Jugendstils, ansonsten aber überwiegen spätmittelalterliche und frühneuzeitliche Komponenten, wie man sie vor allem aus dem Festungsbau jener Zeit kennt: etwa die zwei hoch emporragenden, schlanken Türme, Loggien, Biforienfenster links und rechts des Zugangstors in der Jagowstraße sowie schmale Treppenhaus-Öffnungen, die Schießscharten ähneln. Das war alles andere als ein Zufall, denn für den Bau dieser Residenz zeichnete mit Bodo Ebhardt ein Architekt verantwortlich, der sich vor allem als Burgenforscher und Burgenrestaurator einen Namen gemacht hatte.

Bodo Ebhardt, 1912.
Foto: Rudolf Dührkoop

Ebhardt[112] selbst gehörte ebenfalls zu den frühen Bewohnern der Villenkolonie Grunewald. In der damaligen Jagowstraße 28 hatte er sich 1893/94 nach eigenen Plänen ein Landhaus erbauen lassen. Außerdem stammten von ihm die Pläne zu einer ganzen Reihe von Prachtbauten dieses vornehmen Viertels, von denen wenigstens einige noch heute in mehr oder minder unveränderter Gestalt zu besichtigen sind: beispielsweise die 1892/93 erbaute Villa Seibt oder auch das Haus des Geschäftsmannes und bedeutenden Autographen-Sammlers Cornelius Meyer, dessen 1901 in der damaligen Jagowstraße 4 errichtetes Anwesen unmittelbar an die Magnussen-Villa angrenzte.

... ODER ELEGANTES MIETSHAUS?

Die Magnussen-Villa nach ihrer Fertigstellung im Jahr 1900

Gershom Scholem, der lebenslange Freund des Schriftstellers Walter Benjamin, bestand im Rückblick darauf, dass es sich bei dem Gebäude in der Delbrückstraße nicht eigentlich um eine Villa, sondern um ein elegantes Mietshaus handele. Als häufiger Besucher der Grunewald-Residenz wusste er natürlich, dass die Familie Benjamin lediglich das

Hochparterre (mit Wintergarten), gewissermaßen die Beletage des Anwesens, bewohnte, die übrigen Räumlichkeiten des mehrstöckigen Gebäudes aber vermietet waren: im Laufe der Jahre an Lehrer und Lehrerinnen, an Kaufleute und Militärs, Schriftsteller, Hochschulprofessoren, Architekten, Ingenieure und Rechtsanwälte wie auch vermögende Witwen, unter ihnen allen einige bekannte Persönlichkeiten des Berliner Wirtschafts- und Kulturlebens. Auffallend viele Künstler hatten zudem, wenigstens in der Zeit nach Magnussen, in der Delbrück- bzw. Jagowstraße ihr Domizil. Dazu zählten der Berliner Sezessionist und Gerhart Hauptmann-Freund Carl Ebbinghaus, die Bildhauer Paul Oesten und Felix Kupsch, der international renommierte Ernesto de Fiori, der Maler und Zeichner Fritz Wiegmann sowie die ›entartete‹ Künstlerin Lidy von Lüttwitz. Dieser Umstand schuldete sich freilich nicht, wie man denken könnte, besonders guten Arbeitsbedingungen. Zwar hatte sich Magnussen vor allem auch großzügige und helle Werkstätten einrichten lassen – insgesamt »drei« solcher »prachtvollen Ateliers, schwefelgelb, mattgrün, pompejanisch rot«[113], beherbergte das Gebäude nach der Jagowstraße hin, auf die im Übrigen ein großes Tor ging, um problemlos mächtige Marmorblöcke einstellen wie auch fertige Monumental-Skulpturen ins Freie befördern zu können –, aber die wurden mit dem Ableben des Künstlers nach und nach zu Wohnungen umgebaut. So war es wohl vor allem die Ruhe und Abgeschiedenheit, die die genannten Künstler an diesem Ort suchten.

Über das Innere des Hauses ist nur Spärliches bekannt, da bislang keine Fotos oder Zeichnungen davon aufgetaucht sind. So weiß man über sein Interieur nur das Wenige, was die Erinnerungen des einen oder anderen Besuchers bzw. zeitgenössische Presseartikel festgehalten haben. So soll die von den Magnussens bewohnte Etage in ihren repräsentativen Räumen ein Friesenzimmer beherbergt haben, dessen reiche und gewählte Ausstattung selbst den Kaiser beeindruckte. Beim Erspähen einer wertvollen »alten eisenbeschlagenen gothischen Truhe« soll er sogar den Wunsch geäußert haben, »ein ähnliches Kunstwerk« zu besitzen. Dieses Begehren erfüllte ihm Magnussen gleich mehrfach. Er verschaffte seinem Gönner »zwei Prachtstücke dieser Art im Oldenburgischen« und heimste damit »den lebhaften Beifall des kaiserlichen Paares«[114] ein. Das den Bau umgebende Grün hingegen scheint allem Anschein nach kein Gemüsegarten geworden zu sein, sondern soll einem »Blumenparadies« geglichen haben, in dem rauschende »Feste … gefeiert« wurden[115].

FRÜHESTE EINLIEGER

Über Magnussens früheste Einlieger ist nur wenig bekannt, kaum mehr als deren Namen und Beruf waren zu ermitteln. 1901 zogen hier ein Kaufmann namens Eduard Lohmeyer sowie ein »Fräulein« Julie Simons ein, die Tochter eines Zigarrenfabrikanten aus dem Brombergschen Kronthal. Lehrerin von Beruf, gehörte sie dem Gründungskollegium der 1899 eröffneten Gemeindeschule Grunewald an, die sich damals noch in der Hubertusbaderstraße befand. (1905 bezog sie dann ihren neuen Sitz in der Delbrückstraße 20 a.) Erst in den darauf folgenden Jahren waren in der Delbrück-/Jagowstraße auch Personen gemeldet, die wenigstens zu ihrer Zeit einen gewissen Namen hatten und zahlreiche Lebensspuren hinterlassen haben.

Zu den frühesten Mietern zählte die Familie des Schriftstellers Walter Harlan. Der kam vom Nachbarhaus her, siedelte 1902 von der Delbrückstraße 21 in die Nummer 23 über, wo er mit seiner Ehefrau Adele Boothby und den bis dato vier Kindern – unter ihnen die Söhne Peter und Fritz Moritz, die sich als Musikinstrumentenbauer bzw. Kammersänger einen Namen machen sollten, sowie der damals knapp dreijährige Veit Harlan, dessen Ruhm aufgrund seiner Verquickung mit dem NS-Regime eher zweifelhafter Natur ist – bis 1905 lebte. Dann konnte er sich in der nicht allzu fernen Kunz Buntschuhstraße 10 eine eigene Villa leisten.

Zwar sucht man Walter Harlans Namen heute in einschlägigen Handbüchern meist vergebens, doch war er ein alles andere als »erfolgloser«[116] Autor, wie ihm a posteriori nachgesagt wurde. Er stammte aus besten bürgerlichen Verhältnissen. Sein Vater, Otto Harlan, war Mitinhaber des altehrwürdigen Dresdner Bankhauses Heinrich Wilhelm Bassenge

& Co., kolumbianischer Konsul und Ritterguts-Besitzer. Seine Mutter Bertha Elisa Bienert hingegen war die Tochter eines Großmühlen- und Bäckerei-Inhabers namens Gottlieb Traugott Bienert, an den noch heute die mittlerweile denkmalgeschützte Bienert-Mühle in Dresden erinnert.

Zunächst schlug Harlan eine juristische Laufbahn ein und arbeitete nach der Promotion einige Jahre im Staatsdienst, und zwar in Leipzig. Gegen Ende des 19. Jahrhunderts begann dann seine literarische Karriere mit Werken, die teils in renommierten Verlagen (u. a. bei Egon Fleischel und Friedrich Fontane in Berlin) erschienen. Seine Gedichte (*O herziges Menschenleben!*, 1894), Erzählwerke (der Roman *Die Dichterbörse*, 1900), vor allem aber seine dramatischen Arbeiten, Lustspiele in der Mehrzahl, die auf zahlreichen deutschen Bühnen gespielt wurden, erregten nicht nur bei der Kritik Aufmerksamkeit. Mit dem 1905 uraufgeführten, »dionysischen Schwank« (Untertitel) *Jahrmarkt in Pulsnitz* gelang Harlan dann endgültig der literarische Durchbruch. Bekanntheit erlangte er darüber hinaus durch die Gründung einer literarischen Vereinigung in Leipzig, die auch eine Zeitschrift, *Die redenden Künste* (Untertitel: *Zeitschrift für Musik und Litteratur unter spezifischer Berücksichtigung des Leipziger Kunstlebens*), herausgab. Außerdem war er zeitweilig als Dramaturg am Berliner Lessing-Theater beschäftigt. Und schließlich war Harlan jahrzehntelang führendes Mitglied des Verbandes der deutschen Bühnenschriftsteller und Bühnenkomponisten.

Zwei seiner Werke wurden postum verfilmt: 1936 seine Novelle *Die Kindsmagd* unter dem Titel *Maria, die Magd* und drei Jahre später die Tragödie *Das Nürnbergisch Ei* als *Das unsterbliche Herz*. In beiden Filmen führte sein Sohn Veit Harlan Regie. Die beiden Streifen sind heute längst der Vergessenheit anheimgefallen, nicht aber der Name ihres Regisseurs. Veit Harlan wird dem öffentlichen Bewusstsein vermutlich noch lange ein Begriff bleiben, und zwar als Aufnahmeleiter des wohl niederträchtigsten antisemitischen Films der Geschichte, des NS-Streifens *Jud Süß*.

Zwei Jahre nach den Harlans gelangte mit Theodor Dielitz ein weiterer Mieter in die Delbrückstraße, dessen Name im damaligen Berlin vielen ein Begriff war. Er stammte aus einer angesehenen Gelehrten-, Pädagogen- und Künstlerfamilie. Schon sein Großvater, der Privatgelehrte Karl

Dielitz, war als Verfasser von Kinder- und Jugendliteratur, Lehr- und Schulbüchern, als Autor wissenschaftlicher Abhandlungen, als Dichter, Erzähler und Dramaturg sowie nicht zuletzt als verantwortlicher Redakteur des *Neuen Berlinischen Wochenblatts* weithin bekannt. Dessen Sohn, Theodor Dielitz sen., trat als Jugend- und Schulbuch-Autor in die schriftstellerischen Fußstapfen seines Vaters, genoss aber in Berlin vor allem als Direktor der Königstädtischen höheren Stadtschule (des späteren Königstädtischen Realgymnasiums), als städtischer Schulinspektor sowie als Mitglied der Preußischen Nationalversammlung höchstes Ansehen. Der Onkel Conrad Dielitz, schließlich, wurde ein bekannter Berliner Kunstmaler.

Der spätere Geheime Regierungsrat Theodor Dielitz jun. machte ebenfalls Schulkarriere und brachte es bis zum Leiter des renommierten Berliner Sophien-Gymnasiums, unter dessen Ägide so berühmte Persönlichkeiten wie der Staatsrechtler und Politiker Hugo Preuß (Mitbegründer der Deutschen Demokratischen Partei, kurz DDP, sowie Mitautor der Weimarer Verfassung), der Dichter Richard Dehmel und der Filmregisseur Ernst Lubitsch u. v. a. m. die Anstalt besuchten und ihren Direktor als Deutsch-, Latein-, Griechisch- oder Philosophie-Lehrer kennenlernten. Dielitz jun. war von 1904 bis zu seiner Pensionierung im Jahr 1912 in der Delbrückstraße gemeldet, nutzte seine dortige Wohnung jedoch lediglich als Sommersitz. Denn als Leiter einer höheren Lehranstalt stand ihm selbstverständlich eine repräsentative Dienstwohnung zur Verfügung, die in der Weinmeisterstraße 15, dem damaligen Sitz des Sophien-Gymnasiums, lag.

1908 zog dann auch noch eine Rentiere mit dem Allerweltsnamen Krause in die Magnussen-Villa ein: Wilhelmine, genannt: Minna Krause, geb. Pfeiffer. Bis zum Vorjahr selbst noch Eigentümerin eines Domizils in der nahegelegenen Beymestraße, zog sie nun in eine Wohnung, die dem Haus ihres Schwiegersohnes, des hier schon erwähnten Cornelius Meyer, benachbart war.

Mit Minna Krause hielt gewissermaßen die Erinnerung an das revolutionäre Berlin von 1848 Einzug in die Delbrückstraße. Denn sie war die Witwe eines ehemaligen Barrikadenkämpfers, der in der damaligen Residenzstadt einen geradezu legendären Ruf genoss. Dieser Eduard Krause, Verlagsbuchhändler und Druckereibesitzer, in dessen Offizin zwei der bekanntesten Berliner Presseorgane, nämlich die liberale *National-Zeitung* sowie das politisch-satirische Magazin *Kladderadatsch* (beide im Aufstandsjahr 1848 gegründet), hergestellt wurden, kam eher zufällig zu seinem Ruhm. Während der revolutionären Unruhen im März 1848 befand er sich an einem der umkämpftesten Orte der Stadt, auf einem Bürger-Bollwerk, das »die Breite Straße vom Köllnischen Fischmarkt abtrennte und sich dabei an das Köllnische Rathaus anlehnte«. Diese Barrikade mit der »auf ihr flatternden großen schwarzrotgoldenen Fahne« soll dem damaligen preußischen König Friedrich Wilhelm IV. ein besonderes Ärgernis gewesen sein, da sie in einer der Sichtachsen des Stadtschlosses lag. Er wollte sie, so wird es kolportiert, »aus den Augen«[117] haben. In bewegenden Worten schilderte damals die *Königlich privilegirte Berlinische Zeitung von Staats- und gelehrten Sachen* (nachmals *Vossische Zeitung*) ihren Fall: »Fünfmal stürmte das Militair die Barricade an dem Cöllnischen Rathhause, aber jedesmal stürzten Reihen von Soldaten von den wohl gezielten Schüssen der Bürgerschützen nieder. Man ging zuletzt so weit, mit den Kardätschen und mit Granaten gegen diese Barricade zu schießen, so daß das ganze königliche Schloß erzitterte … erst nach einem dreistündigen Kampf, nachdem immer neue Truppen herangezogen, … fiel diese Barricade. Das Militair soll bei solcher vier Offiziere und 30 Mann verloren haben.«[118] Unerwähnt blieb in der Berichterstattung des liberalen Blattes die Vergeltung, die die Sieger anschließend übten. Man wollte wohl nach der Beruhigung der politischen Lage in der Stadt kein weiteres Öl ins Feuer gießen, zumal nicht in einem *Extrablatt der Freude* (Titel, unter dem diese Sonderausgabe erschien). Diese betrüblichen Einzelheiten erfuhr man erst im Nachhinein. »Eine wahre Metzelei« habe nach der Eroberung der Barrikade angehoben, Soldaten seien »mit gezücktem Bayonett« vorgedrungen und hätten »Alles, was ihnen … entgegenkam«[119], niedergestochen. Am Ende gab es nur wenige Überlebende, unter ihnen Eduard Krause, der sich nach einem »Säbelhieb über den Kopf«[120] einfach tot stellte.

Der Autographen-Sammler und Magnussen-Nachbar Cornelius Meyer

Was schließlich noch Magnussens Verhältnis zur Nachbarschaft betrifft – seine Anrainer in der Delbrück- sowie Jagowstraße hießen tatsächlich Meyer und Müller* –, so scheint es vor allem mit Cornelius Meyer zu gelegentlichen Scharmützeln gekommen zu sein, die Magnussen freilich mit viel Humor nahm, wie sich zwei unveröffentlichten Briefen entnehmen lässt. In dem einen ging es um einen neuen Zaun zwischen den beiden Grundstücken, mit dem sich Meyer offenbar sichtbar von der Künstler-Residenz abgrenzen wollte. Magnussen kommentierte das mit ebenso subtilem wie maliziösem Witz. »Selbstverständlich«, so schrieb (!) er seinem keine zehn Meter entfernt wohnenden Nachbarn, habe er »nichts dagegen«, den »alten Zaun durch einen neuen« ersetzen zu lassen. Nur bitte er, bei der Gelegenheit ein »feines Gitter gegen Kaninchen und Ratten« anzubringen. Er sei auch »gerne erbötig dieses Gitter selbst zu bezahlen.«[121]

Im zweiten Schreiben ging es um das leidliche Teppichklopfen, eine Aktivität – selbstverständlich nur der Hausangestellten –, durch die sich damalige Anwohner ähnlich belästigt fühlten wie heute durchs Rasenmähen. Die Lokalpresse wies immer wieder darauf hin, dass es »nur werktäglich in den Vormittagstunden … gestattet« sei, und wer gegen diese ortspolizeiliche »Verordnung«[122] verstoße, müsse mit einem Strafbefehl rechnen. So erging es im Juli 1901 einem ungenannt gebliebe-

* In der Delbrückstraße 19-21 residierte der Kaufmann Conrad Meyer, in der Nummer 25 der Rentier Ulrich G. Müller und in der Jagowstraße 4 der Geschäftsmann Cornelius Meyer.

nen Villenbesitzer, der gegen seinen Bußgeld-Bescheid bzw. die Berechtigung der polizeilichen Verfügung sogar »prinzipialiter« vorging, d. h. eine gerichtliche Klärung in der Sache beantragte[123], ohne damit durchzudringen. Fünf Jahre später schreibt Magnussens an Meyer einen weiteren Brief. Zu seinem »besonderen Leidwesen höre« er, so heißt es unter dem 1. November 1906, dass sein Nachbar »Veranlassung gehabt« habe, mit seinem »Portier unzufrieden zu sein, und die Polizei seinetwegen zu rufen«, weil er außerhalb der dafür vorgesehenen Stunden, Teppiche ausgeklopft habe. Er bitte daher »in Hinblick auf das nachbarliche gute Einvernehmen, wegen dieser Störung, die in« seiner »Abwesenheit vorgekommen« sei, »ganz besonders um Entschuldigung. Nicht verschweigen« könne er »allerdings, daß auch in … Abwesenheit« seines Nachbarn dessen »Diener s. Z. eine wahre Teppich-Klopf-Manie entwickelte, weit über irgend welche festgesetzten Tage oder Stunden hinaus«, so dass er, Magnussen, der er »meistens allein in« seinem »stillen Atelier die Sommertage und besonders -Abende fleißig arbeiten« müsse, »oft geseufzt habe: Haben Meyers denn ein ganzes Teppich-Lager?«[124]

HARRO MAGNUSSEN
BILDHAUER

GRUNEWALD, DEN 1. Nov. 06.
DELBRÜCKSTR. 29

Aus Magnussens Schreiben vom 1. November 1906 an seinen Nachbarn Cornelius Meyer

Ob der Empfänger dieser Schreiben, Cornelius Meyer, wohl so viel Humor aufbrachte, um diese beiden Magnussen-Briefe seiner überaus bedeutenden Autographen-Sammlung einzuverleiben?

BEDEUTENDES WERK ODER NUR BRAVE KUNST?

Harro Magnussen in einer Aufnahme, die auch als Ansichtskarte vertrieben wurde. Foto: Franz Kullrich, Berlin

Mit der Enthüllung seiner Denkmalgruppe *Joachim II., Hector* am 22. Dezember 1900 in der Siegesallee stand Harro Magnussen zweifellos im Zenit seiner bisherigen Karriere. Doch seine enge Bindung an Wilhelm II., fast schon eine Abhängigkeit, hatte ihren Preis. Ob zu Recht oder Unrecht: Als Künstler war er damit in gewissen Kreisen abgestempelt. Das erklärt, wenigstens teilweise, die starken Diskrepanzen in den Urteilen, mit denen ihn die Kunstkritik im Laufe kürzester Zeit bedachte.

Noch im Oktober 1900 feierte der Kunsthistoriker Max Georg Zimmermann Magnussens künstlerische »Vielseitigkeit« in der *Zeitschrift für bildende Kunst* förmlich ab und meinte, in seinen Skulpturen sei eine Entwicklung auszumachen, die »eine grosse Reihe« weiterer »bedeutender Werke«[125] erwarten lasse. Kaum zwei Jahre später erschien dann im Münchner Blatt *Die Kunst für alle* eine Kritik Hans Rosenhagens, die nicht hätte vernichtender ausfallen können. Über eine »Kollektiv-Ausstellung« in Berlin, auf der neben Magnussen u. a. der Bildhauer Medardo Rosso sowie die Maler (und Münchner bzw. Berliner ›Sezessionisten‹) Hans Busse, Paul Hoecker sowie Walter Leistikow vertreten waren, heißt es darin, spezifisch auf Magnussen gemünzt: »Aufregend ist diese Vorführung nicht. Man sieht brave Arbeit und herzlich wenig Kunst. Das Persönliche fehlt absolut.« Vor allem mache »sich ein fataler Ungeschmack … bemerkbar«, etwa »in der Art, wie Magnussen seinen Skulpturen durch Bemalung eine lebensvollere Wirkung geben« wolle. Auch »in der Darstellung des nackten, menschlichen Körpers«

leiste »der Bildhauer nur Schwaches.« Allenfalls ließen sich noch seine »Bildnisbüsten … anerkennen«, auch wenn sie »kaum mehr als … äußere Aehnlichkeit« böten. Nein, »ein Seelendeuter« sei Magnussen wahrlich nicht. Nur »wenn das Modell eine interessante Physiognomie« habe und sich »die Qualitäten des Dargestellten … in dessen Zügen« aussprächen – was offensichtlich auf die Darstellung des ›Marschendichters‹ Hermann Allmers bezogen ist – erziele Magnussen eine Wirkung. Ansonsten ließen seine Werke »gleichgiltig« und es gebe keinen wirklichen »Grund, seine Arbeiten im Zusammenhang vorzuführen«. Denn »eine Entwicklung« in seinem Schaffen sei nicht erkennbar, »weder im guten noch im schlimmen. Magnussen ist ein brauchbarer Künstler. Auf ein höheres Lob hat er keinen Anspruch.«[126]

Aus der Retrospektive betrachtet, passt alles zu genau zusammen, um nicht *auch* vermuten zu dürfen, die grundierenden Untertöne dieses Verrisses bilde in Wahrheit die Kritik am modernefeindlichen Kunstverständnis Wilhelms II. Was der unter Kunst verstand, hatte er in seiner für ihn typisch simplifizierenden Art mit der berüchtigten Rede über die (naturalistische) »Rinnsteinkunst«, die das Elend und die Misere nur »noch scheußlicher« darstelle, als sie ohnehin schon seien, zusammengefasst: »Wie ist es mit der Kunst überhaupt in der Welt? Sie nimmt ihre Vorbilder, schöpft aus den großen Quellen der Mutter Natur«, die sich »nach den ewigen Gesetzen, die der Schöpfer sich selbst gesetzt hat«, bewege, »und die nie ohne Gefahr für die Entwicklung der Welt überschritten oder durchbrochen werden können.« Und dass er sein eigenes, konventionelles Verständnis, das im Grunde alle modernen Kunstrichtungen und -strömungen abkanzelte, maßgebend für alle anzusehen schien, brachte Wilhelm II. mit einer ungewollt doppeldeutigen Bemerkung zum Ausdruck: »Eine Kunst, die sich über die von Mir [!] bezeichneten Gesetze und Schranken hinwegsetzt, ist keine Kunst mehr«[127].

Diese Rede lag kaum ein Jahr zurück und wurde vor jenen Künstlern, Magnussen eingeschlossen, gehalten, die an der Gestaltung der Siegesallee beteiligt waren. Außerdem kam der hier zitierte Verriss Hans Rosenhagens nicht von ungefähr aus München, dem damaligen Zentrum der nicht nur literarischen (deutschen) Moderne. Aus seinen Bemerkungen wie ›brave Arbeit, aber wenig wirkliche Kunst‹, kann man herauslesen, dass der Bildhauer hier stellvertretend herabgewürdigt wurde für Anschauungen und Ansichten, die in der Rede Wilhelms II. nur ihren extremsten Ausdruck gefunden hatten.

LEBENSDURST – VERLOSCHEN

Magnussens letztes Werk, die Skulptur *Lebensdurst*

Magnussen war zeitlebens ein »naturalistisch schaffender Künstler«[128], und insofern war seine Kunst zu Beginn des 20. Jahrhunderts für viele Kenner und Liebhaber nicht mehr zeitgemäß. Auch mit seinem letzten Werk, der Plastik *Lebensdurst*, deren Art zweifellos aus seinem Gesamtwerk herausfällt, holte er die Moderne nicht mehr ein. Dennoch beeindruckt diese kleine Gruppe aus Ton: ein unbekleideter junger Mann zu Füßen einer anmutigen Frau mit nacktem Torso. Er sehnsüchtig, vielleicht auch entschuldigend nach oben schauend, beinahe flehentlich. Sie mit einem Blick ins Nirgendwo, der ebenso Abweisung bedeuten, wie Zuneigung verraten kann, zumal sie ihm die hohlen Hände an ausgestreckten Armen entgegenhält, wie zum Zeichen des Verzeihens – als möchte sie ihn daraus trinken lassen – und eines Zusammengehörigkeitsgefühls. Diese Figur nimmt sich wie die Verbildlichung der unglücklichen und zu diesem Zeitpunkt längst gescheiterten Beziehung Magnussens zur geliebten Ehefrau Eleonore aus. Sie hatte ihren Gatten nach schweren Ehekrisen und einem gescheiterten Selbstmordversuch[129] verlassen und lebte mittlerweile wieder in München.

An dieser Plastik arbeitete Magnussen bis zu dem Augenblick, als er, für alle unerwartet, am Abend des 3. November 1908 seinem Leben in der Delbrückstraße 23 ein Ende setzte. Sein Freitod erregte großes Aufsehen im In- und Ausland, die nationale wie internationale Presse nahm Notiz davon oder brachte sogar ausführliche Nachrufe. Ja, sein Ableben gab sogar noch den Stoff für eine kurze Tragikomödie her. Da selbst enge Freunde kein überzeugendes Motiv für den Selbstmord zu finden vermochten, kursierten alsbald die wildesten Gerüchte. »Ein zahlreiches Trauergefolge« hatte sich am Tag der Beisetzung Magnussens bereits »auf dem kleinen Friedhof« im Grunewald »versammelt, in dessen Kapelle die sterblichen Reste des … Künstlers unter Blumen und Kränzen im Sarge aufgebahrt waren«. Da traf die teils von weither angereisten Trauergäste die Nachricht, die Staatsanwaltschaft habe soeben »Magnussens Leiche zum Zwecke der Obduktion … beschlagnahmt«, womit »die Beerdigung verschoben … sei«. Den Anlass dazu hatte der Brief einer ungenannt gebliebenen Dame gegeben. Sie behauptete, Magnussen »in den letzten Monaten« sehr »nahegestanden« zu haben, so nahe, dass sie »sogar Einfluß auf die Gestaltung seines letzten Werkes« ausgeübt habe. Sie wisse »genau, daß er keinesfalls selbst Hand an sein Leben gelegt« habe. Es müsse sich um einen »unseligen Zufall, wenn nicht« sogar um »irgendein schlau und mit äußerster Ranküne angelegtes Verbrechen« gehandelt haben. Weder »traurige Familiendifferenzen« noch »finanzielle Schwierigkeiten« hätten ihn zu einer solchen Verzweiflungstat verleiten können. Er sei »durchaus lebensfroh« gewesen und »bestimmt« schon deshalb »nicht aus seinem Willen heraus gestorben«, weil »er seinen Sohn viel zu ehrlich geliebt« habe, um »ihm je eine solche Qual für sein junges Leben«[130] mitzugeben. Alle weiteren Ermittlungen bestätigten jedoch nur das Ergebnis der ursprünglichen Ermittlung: Seine tödliche Gasvergiftung hatte Magnussen durch Öffnen eines entsprechenden Rohres selbst herbeigeführt. So wurde er schließlich wenige Tage später, nunmehr in aller Stille, auf dem Friedhof Grunewald beigesetzt. Seine Grabstätte ist längst eingeebnet.

Mit dem Tod Magnussens ging die schon zu seinen Lebzeiten völlig überschuldete Immobilie im Grunewald in den Besitz seines damals noch minderjährigen Sohnes Hans über, nach dessen frühem Ableben (1909) in den Eleonore Leskers. Sie aber war nicht mehr in der Lage, das große Haus zu halten. Zwar unternahm sie einiges, um sich die dafür nötigen Mittel zu besorgen, indem sie Verkaufsausstellungen von Werken aus dem Nachlass Magnussens organisierte, bei dessen Schuldnern Rückstände anmahnte und ausstehende Honorare ihres Gatten einforderte. Ja, man gewährte ihr sogar mehrfach Zahlungsaufschub bei der Bedienung der Hypothekenzinsen. Doch am Ende blieb alles vergebens, zu hoch waren vor allem die Grundschulden, die auf dem Anwesen lasteten: bereits zu Lebzeiten Magnussens betrugen sie 150 000 RM, am Ende waren sie auf eine Summe von 205 000 RM aufgelaufen. So versuchte Eleonore Lesker schließlich, ihren Besitz zu veräußern, sogar zu einem sehr günstigen Preis: Interessenten hätten das Anwesen »auch nur zu den darauf ruhenden Hypotheken«[131] erwerben können. Dennoch dauerte es eine Weile – es herrschte mittlerweile Krieg in Europa –, ehe sie endlich einen Käufer fand. Und es war einer ihrer Mieter, Emil Benjamin, der zugriff. Er machte ihr ein überaus faires Angebot, war bereit, noch fast zehn Prozent auf die ursprüngliche Forderung draufzulegen. So wechselte im März 1918 die Villa incl. ihres »gesamten Zubehörs, namentlich … Gartengerätschaften wie Gummischlauch, Sprengvorrichtung u.s.w.« und »insbesondere des vorhandenen Koksvorrats«[132] für 225 000 Mark den Besitzer.

Den Grundstock eines Vermögens, das es Emil Benjamin sogar noch in den Krisenjahren des Ersten Weltkriegs erlaubte, diese Immobilie in einem der vornehmsten Wohnviertel des Großraums Berlin zu erstehen, bildete der Erlös aus dem Verkauf seiner Anteile am Kunstauktionshaus Lepke, den er umsichtig und gewinnbringend in unterschiedlichsten Unternehmen anzulegen wusste.

»Mein Vater telefonierte viel«, heißt es in der *Berliner Chronik* von Emil Benjamins Sohn Walter. »Er, der nach außen hin fast immer ein verbindliches, lenkbares Wesen scheint gehabt zu haben, hat vielleicht nur am Telefon die Haltung und die Bestimmtheit besessen, die seinem, zeitweise großen, Reichtum mag entsprochen haben.«[133] Einer dieser Telefonpartner, an den sich Walter Benjamin noch namentlich erinnerte, weil er mit dessen Sohn Konrad zeitweilig dieselbe Klasse der Charlottenburger Kaiser-Friedrich-Schule besucht hatte, war Martin Altgelt. Der Neffe des großen Architekten Martin Gropius war Mitglied und über Jahre hinaus Vorsitzender des Aufsichtsrates der Berliner *Actien-Gesellschaft für Bauausführungen*[134]. Bei diesem Unternehmen, das auch in einem »Auseinandersetzungsvertrag« zwischen Pauline, Walter, Georg und Dora Benjamin zur Festlegung der Erbteile nach dem Tod von Emil Benjamin[135] erwähnt wird, handelte es sich um eine 1872 gegründete Baufirma, die vornehmlich in den westlichen Bezirken Berlins Grundstücke erwarb, um sie nach ihrer Bebauung weiter zu veräußern. Mit der Immobilienrezession Ende der 1920er Jahre geriet das Unternehmen in finanzielle Schwierigkeiten und musste schließlich (1931) Konkurs anmelden. Mit Unterbrechungen saß Emil Benjamin von (mindestens) 1907[136] bis zu seinem Tod, 1926[137], in dessen Aufsichtsrat, zeitweilig auch als Stellvertreter Altgelts[138]. Neben den, in der Regel durchaus üppigen Dividenden, die das Unternehmen ausschüttete, bildeten dieses wie alle übrigen Aufsichtsrats- und Vorstandsmandate, die Emil Benjamin im Laufe seines Arbeitslebens wahrnahm – etwa in der Hamburger *Sanitas Aktien-Gesellschaft*, dem Berliner *Medicinischen Waarenhaus* oder der Magdeburger *Gesellschaft für Papierhohl-Körper und Maschinenanlagen G.m.b.H.* (unter vielen weiteren) – eine bedeutende Einnahmequelle für ihn, bezogen doch die Mitglieder solcher Kontroll- und Führungsgremien Tantiemen, die sich zwischen 1000 und 6000 Mark (und mehr) jährlich bewegten.

Soweit sich Emil Benjamins Geldanlagen überblicken lassen, scheint er sie breit gestreut zu haben. Neben Anlagen an Bau- und Terrain-Gesellschaften, die aufgrund der Konjunkturanfälligkeit dieser Branchen etwas risikoreicher waren, besaß er solide Papiere von Banken (der *Mecklenburg-Strelitzscher Hypothekenbank*) wie Versicherungsinstituten (der *Düsseldorfer Rückversicherung* und der *Rückversicherungs-Gesellschaft ›Europa‹*, zu deren Mitbegründern er im Sommer 1899 gehörte[139]). Neben Beteiligungen an Stahlunternehmen wie der *Ottenenser Eisenwerk Aktien-Gesellschaft* in Hamburg-Altona, die auf dem Hintergrund der Wilhelminischen Flottenaufrüstung und der Kriegsjahre zu den Juwelen seines Portefeuilles gehörten, hielt er solche an Betrieben des Bergbaus, etwa an der *Gewerkschaft Mecherniche Werke*, die am Nordrand der Eifel Bleierz abbaute. (Später ging dieses Unternehmen in einem der großen Mischkonzerne der bundesrepublikanischen Geschichte, der *Preußischen Bergwerks- und Hüttenaktiengesellschaft in Hannover*, kurz: *Preussag*, auf und wurde 1957 endgültig liquidiert.) Und zu guter Letzt investierte Emil Benjamin in aufstrebende Firmen, die entweder durch neue Produkte oder neue Geschäftsmodelle aufgefallen waren. Das trifft z. B. auf die 1915 gegründete *Papyroplastwerke-Penig G.m.b.H.* in Magdeburg zu. Aufgrund neuartiger Herstellungsverfahren »nicht nur von Fässern, Kisten, Wannen, kurzum von Umhüllungen für Verpackung aller Art, sondern auch von Gebrauchsgegenständen wie Geigenkästen, Mulden, Dosen, Schutzkästen usw.« brachten Industrie- und Anlegerkreise ihren Papieren »lebhaftestes Interesse«[140] entgegen, wie die *Berliner Börsen-Zeitung* in ihrer Ausgabe vom 31. August 1915 zu berichten wusste. (Auch im Aufsichtsrat dieser Firma saß Emil Benjamin – unter dem Vorsitz seines Schwippschwagers Emil Pick.) Ebenso trifft das auf die 1903 von Ignatz Thoman141 gegründete *Centrale für Weinbetrieb m.b.H.* zu, die mit ihrem Vertriebsmodell »Selbstkostenpreis plus 10%«, das schon bald

Werbe-Handzettel

Schule auch in anderen Branchen wie etwa dem Bekleidungshandel[142] oder sogar dem Schiffbau[143] machen sollte, nicht nur den Berliner Weinhandel kräftig durchschüttelte. Das »Verkaufsprinzip« war recht simpel: Die Firma garantierte ihrer Klientel, dass sie die Weine und Spirituosen zum Selbstkostenpreis plus einem Aufschlag, einer »Umsatzgebühr«, von 10 Prozent verkaufe. Das Aufgeld konstituierte den »Reingewinn«[144] (abzüglich eventueller Gewinnausschüttungen für Anleger sowie »Gehälter oder sonstige Bezüge«[145] der Geschäftsführer), die »Selbstkosten« beinhalteten »alle Kosten, die dem Verkäufer aus der Beschaffung der Ware und der Weitergabe an den Käufer« erwuchsen (u. a. Einkauf, Transport, Lagerung, Zollgebühren, Verpackung, Steuern, »Bureaubetrieb«[146] und Werbung). Analysten sahen in dem neuen Verkaufssystem einen volkswirtschaftlichen »Fortschritt«, da einerseits der Verbraucher »billiger als nach altem Verfahren« einkaufte und andererseits der Unternehmer gezwungen war, »seinen Geschäftsbetrieb äußerst intensiv und ökonomisch zu gestalten«, was insgesamt »den Vorteil einer Verbilligung des Verkehrs zwischen der Produktion und dem Konsum«[147] nach sich ziehe. Der traditionelle Handel lief seinerzeit politisch (durch Mobilisierung seiner Standesvertretungen[148]), publizistisch (in Presseartikeln wie Aufklärungsbroschüren[149]) und juristisch (durch einstweilige Verfügungen und Klagen[150]) Sturm gegen dieses Modell, das seiner Meinung nach den Straftatbestand des unlauteren Wettbewerbs erfüllte. Denn mit ihm wurde der »Schleier« um die »bis dahin sehr sorgsam gehüteten sogenannten Geheimnisse der kaufmännischen Kalkulation« weitgehend gelüftet und »deren geheimstes, die Größe des Verdienstes am Verkauf der Ware der Öffentlichkeit«[151], preisgegeben, wie es im *Prometheus*, der *Illustrierten Wochenschrift über die Fortschritte in Gewerbe, Industrie und Wissenschaft*, heißt. Das bedeutete freilich noch keine völlige Transparenz bei der Preisgestaltung. Denn wie gerade das Beispiel der *Centrale für Weinvertrieb* belegt, bot auch dieses System noch genug Schlupflöcher, d. h. ausreichende Möglichkeiten, den Käufer über den eigentlichen Ursprung des Nettogewinns im Unklaren zu lassen. Gemeinsam mit seinem Bruder Moritz entwickelte Ignatz Thoman eine gewisse Virtuosität in der Verschleierung der eigentlichen Herkunft seiner Ware: etwa durch Aufkauf von Handelsfirmen, womit er Weine und Spirituosen aus anderer Herkunft neu etikettieren durfte. Das stellte keinen Straftatbestand dar.

Als letztes Papier aus dem Anlage-Portfolio Emil Benjamins sei hier noch kurz seine Beteiligung an einem nur auf den ersten Blick hin etwas exotisch anmutenden Unternehmen erwähnt. Denn diese Investition zeigt, dass der angeblich so Lammfromme und Umgängliche zu einem durchaus energischen und harten, aber auch einfallsreichen Geschäftsmann werden konnte, der über das gesamte Repertoire verfügte, um im Konfliktfall die eigenen Interessen zu wahren bzw. durchzusetzen. Die Rede ist hier von seiner Beteiligung an der *Berliner Cichorien-Fabrik Actien-Gesellschaft vormals H. L. Voigt*, die sich zeitweilig im Besitz eines engen Verwandten seiner Ehefrau Pauline Schoenflies namens Gustav Noah befand*.

Das Unternehmen, das Landkaffee, also Kaffee-Ersatz, aus den Wurzeln der Zichorie herstellte, war zu Zeiten der Napoleonischen Kontinentalsperre, 1810, gegründet worden. Damals war die Einfuhr von Bohnenkaffee durch die englische Seeblockade weitgehend unterbunden, was ihn zu einem Luxusartikel machte. Ungeachtet aller politischen Wirren der Zeit wie auch natürlicher Beeinträchtigungen – etwa durch die von Jahr zu Jahr unterschiedlichen Ernteerträge des Rohstoffes – florierten die Geschäfte der 1871 zu einer Aktien-Gesellschaft umgewandelten Firma über Jahrzehnte hinweg. Selbst wirkliche Krisenjahre wie jenes der Wende 1892/93, als geradezu »abnorme Verhältnisse« herrschten und die »Preise für … Cichorienwurzeln« zunächst um 30 Prozent und wenige Wochen darauf um nochmals 50 Prozent stiegen[152], vermochten das Unternehmen nicht in den Abgrund zu stürzen, da es offenbar stets um-, vor- und weitsichtig geleitet wurde. Das strich schon die zeitgenössische Wirtschafts- und Finanzpresse in ihren Berichten über die Gesellschafterversammlungen der Firma heraus, in denen sich ebenso regelmäßig wie in der Formulierung (fast) unverändert ein Urteil wie beispielsweise das über den Abschluss des Geschäftsjahres 1893 findet: »Die Bewerthungen und Abschreibungen« seien, so heißt es in einer Gesamtbeurteilung der vorgelegten Bilanz, »wieder in gewohnter, vorsichtigster Weise vorgenommen«[153] worden. Erst als sich gegen

* Ein verwandtschaftlicher Faden (unter mehreren), der Gustav Noah mit der Familie Schoenflies verband: Seine Mutter Philippine Levy war eine Cousine von Moritz Schoenflies, dem Großvater von Pauline Schoenflies.

Ende des 19., Anfang des 20. Jahrhunderts in der aufstrebenden Industrienation Deutschland mit dem zunehmenden Wohlstand insbesondere der Mittelschichten die Kaffeebohne nach und nach ihren Markt zurückeroberte, erlitt das Unternehmen so hohe Umsatzeinbrüche und Gewinneinbußen, dass sich die Verantwortlichen genötigt sahen, einer »ausserordentlichen Generalversammlung die Liquidation« der Firma vorzuschlagen, da »auf eine wesentliche Besserung der in letzter Zeit erheblich zurückgegangenen Rentabilität der Fabrik kaum noch zu rechnen sei«[154]. Das war 1908, und die Aktionärsversammlung segnete diese Empfehlung wenige Monate später »ohne Erörterung ... per 22. Dezember 1908«[155] ab.

Für weniger aufmerksame Anleger mochte diese Entscheidung überraschend gekommen sein, denn das Unternehmen hatte seinen Anlegern stets anständige Dividenden gezahlt, im noch gar nicht lange zurückliegenden Jahr 1902 sogar eine von sage und schreibe 27⅓ Prozent, 1904 und 1906 immerhin noch 7 resp. 5 Prozent. Was dem einen oder anderen damals freilich entgangen sein mag oder ihn deshalb nicht weiter berührte, weil ja Geld, teils sogar sehr üppig, ausgeschüttet wurde: Die Dividenden waren nur noch durch die Veräußerung einiger mittlerweile als Bauland ausgewiesener Grundstücke zu finanzieren. Das heißt also, eine Art ›schleichende Ausweidung‹ des Unternehmens hatte schon Jahre zuvor begonnen. Und bei der endgültigen Ausschlachtung, dem Ausverkauf, wollten alle dabei sein. Schon das bloße Gerücht, die Geschäftsleitung werde demnächst die Liquidation des Unternehmens vorschlagen, entfachte einen wahren Ansturm auf deren Papiere und ließ den Kurs in die Höhe schnellen: allein am Tag, als die Notiz durchsickerte, um über 11 Prozent. Spekulanten hatten es auf dessen noch immer ansehnlichen Grundbesitz abgesehen, was der unbekannte Redakteur des *Berliner Tageblatts* ein wenig neutraler und wohlwollender damit ausdrückte, dass sich die Anleger erhofften, »der Verkauf der Grundstücke« werde »das Liquidationsergebnis günstig beeinflussen«[156].

Ob Emil Benjamin bereits zu diesem Zeitpunkt Anteilseigner der Aktiengesellschaft war oder es erst mit deren Liquidation wurde, wird er vermutlich nicht einmal den engsten Angehörigen verraten haben. In seiner wie in den meisten anderen bürgerlichen Familien war es nicht üblich, solche Dinge auszuplaudern: »Die ökonomische Basis auf der die

Wirtschaft meiner Eltern beruhte«, so heißt es in den Erinnerungen seines Sohnes, waren derlei Dinge für alle Familienmitglieder »vom tiefsten Geheimnis«[157] umhüllt. Auf jeden Fall war Emil Benjamin ebenfalls dabei, als es darum ging, möglicherweise ein gutes Geschäft zu machen. Dass die hohen Erwartungen der Spekulanten am Ende eher enttäuscht wurden, hatte unterschiedliche Gründe, vor allem den, dass »die Zeiten für die Bauindustrie immer noch ungünstige«[158] waren, woran sich bis in die Kriegsjahre hinein wenig änderte. Auf der anderen Seite war das Unternehmen seinerzeit jedoch schuldenfrei, d. h. der Wert des ansehnlichen Terrain-Besitzes sowie der Fabrik mitsamt ihren modernen Produktionsanlagen überstieg bei weitem alle Verbindlichkeiten. Und bevor man am Ende die Herstellungsanlagen sowie das *Handels*geschäft günstig veräußerte, warf der laufende Betrieb sogar noch leidliche Gewinne ab: »Das Geschäft«, so ließen die Verantwortlichen schon 1909 verlauten, »nehme seinen ruhigen Fortgang und die Aufträge liefen in derselben Weise ein, wie in früheren Zeiten, sodass Aussicht vorhanden sei, während der Liquidation das Geschäft nicht nur aufrecht erhalten, sondern auch dabei noch etwas verdienen zu können.«[159] Es gab also für den Liquidator keine Veranlassung, die endgültige Schließung des Betriebes zu überstürzen, zumal man sich noch in einer juristischen Auseinandersetzung mit der Stadt Charlottenburg befand, bei der es um viel Geld ging. Summen von 90 000 bis zu 200 000 Mark standen wegen der Enteignung eines Grundstückes im Raum, das die Kommune nur als billiges »Strassenland bewertet« sehen wollte, die Gesellschaft aber als teures »Bauland«[160]. Als dann der Krieg ausbrach, verursachte die Fortexistenz freilich mehr Kosten, als zuletzt noch durch Vermietungen und Pachtzins hereinkamen, und das Vermögen schmolz langsam dahin, wie auch die Ausschüttungen für Anteilseigner bescheidener wurden.

Diese Situation gab dem Rentier Emil Benjamin im Juni 1917 Anlass für eine Art ›Palastrevolution‹, die durch ihren zeitlichen Kontext eine etwas pikante Note erhielt, wenigstens für sehr patriotisch gestimmte, um nicht zu sagen: chauvinistische Deutsche. In jenem Monat erzwang er eine wenig später anberaumte »ausserordentliche Generalversammlung«, auf der er beabsichtigte, »die Ausschüttung einer Liquidationsrate von mindestens 6⅔ % = 20 M. aus verfügbaren Mitteln« zu beantragen. Da die Gesellschaft noch immer über »völlig unbelastete Terrains« verfüge, schien es ihm mehr als billig, »dass den Aktionären die verfügbaren Mittel«, die sich auf über 120 000 M beliefen, »voll«[161] zuflössen. Um seine Interessen durchzusetzen, organisierte er u. a. per Zeitungsannonce den Widerstand. Darin wiederholte er seine Forderungen und setzte dem hinzu: »Da es nicht ausgeschlossen ist, dass seitens der Verwaltung hiergegen – mit m. E. durchaus unzulänglicher Begründung – Opposition erhoben wird, entspricht es dem Aktionärsinteresse, sich an einer Versammlung zu beteiligen oder mich mit kostenloser Vertretung zu beauftragen.«[162] Am 27. Juni kam es dann zu einer Kampfabstimmung, da die ›Rebellen‹ um Emil Benjamin auch Neubesetzungen in der Führung des Unternehmens forderten. Es muss auf der Versammlung hoch hergegangen sein, denn die Presse berichtete am Folgetag von einem »energischen Kampf« der Kontrahenten. Die Auseinandersetzung endete damit, dass sich »gegen die 1117 Stimmen der drei … Verwaltungsratsmitglieder« die Gegenpartei »mit 1119 Stimmen, die von 6 Aktionären abgegeben«[163] wurden, durchsetzte. Der alte wurde durch zwei neue Liquidatoren mit herabgesetzten Bezügen ersetzt, und den Aufsichtsrat ergänzten vier hinzugewählte Mitglieder, unter ihnen Emil Benjamin.

Welche Motive leiteten ihn bei dieser ganzen Aktion? Und worin liegt die pikante Note in der ganzen Angelegenheit? War es allein die Sorge, ein Unternehmen, an dem er Anteile hielt, würde langsam ausbluten, weil die Liquidation nur noch Kosten verursachte? Oder brauchte er in jener Zeit einfach nur Geld, um seine Lebenshaltung weiterhin ohne größere Einschränkungen aufrechterhalten zu können? (Bekanntlich waren es vor allem die bürgerlichen Schichten, deren Einkommen im Laufe des Krieges mehr und mehr sanken.) Oder leiteten Emil Benjamins Entscheidungen ganz andere Überlegungen? Waren es die letzten Ereignisse, die ihn davon überzeugten, der Krieg sei für Deutschland verloren und es sei ratsam, schnell noch einmal Kasse zu machen? Im Februar 1917 erreichten die Schwierigkeiten bei der Nahrungsmittelversorgung der Bevölkerung mit dem so genannten Steckrübenwinter ihren Höhepunkt. Im März mussten sich die deutschen Truppen an der Westfront auf die Siegfried-Linie zurückziehen. Und im Folgemonat traten die Vereinigten Staaten *aktiv* auf Seiten der Alliierten in den

Krieg ein. Vieles deutet darauf hin, dass Emil Benjamin ein konservativer Mann war, ja vielleicht sogar ein durch und durch Deutschnationaler, der 1914 noch bereitwillig Kriegsanleihen gezeichnet hatte. Im Falle eines deutschen Sieges wären diese Papiere eine überaus lohnende Anlage gewesen, im Falle einer Niederlage jedoch völlig wertlos. Und die war im Grunde schon 1917 abzusehen. Unter diesem Blickwinkel rückt seine Initiative hinsichtlich der Berliner Cichorienfabrik in ein anderes Licht. Der möglicherweise vom anfänglichen Kriegsrausch mitergriffene Rentier aus dem Grunewald bewahrte über die Jahre gleichwohl kühlen Kopf und ließ sich nicht von der propagandistischen Schönfärberei und Abwiegelung den Blick auf die Fakten vernebeln. ›Pikant‹ mochten seine Entscheidungen dieser Zeit allenfalls Chauvinisten erscheinen, die sein Handeln vermutlich als Kriegsgewinnlerei abqualifiziert hätten.

… UND AUCH KUNSTLIEBHABER?

Gershom Scholem, der Emil Benjamin »im Spätsommer 1915 … kennen lernte«, schrieb in einer seiner Veröffentlichungen zur Geschichte der Benjamins, das Oberhaupt habe »in seiner Familie als besonders netter und umgänglicher Mensch gegolten«, dessen Wesen »eine Verbindung von Kunstliebhaber und Kaufmann«[164] ausmachte. Dass Liebhaberschaft nicht notgedrungen mit Kennerschaft und unbestechlichem Blick für das Geschmackvolle einhergeht, klingt in dem hier bereits referierten Urteil des Sohnes Walter über einen vom Vater einst bei Lepke erworbenen venezianischen Mohren an, den er, verblümt zwar, doch im Grunde genommen unmissverständlich als Kitsch abtat. Nicht überliefert ist, was Walter Benjamin hingegen von all den Werken eines norddeutschen Malers hielt, die, sollte man sich auf Gershom Scholems Erinnerung verlassen können, ebenfalls das Domizil im Grunewald schmückten. Schon »über der Tür der Wohnung« im Hochparterre »hatte der bekannte Maler Nebel wilde Pferdefresken« hinterlassen, »und auch sonst hingen mehrere Bilder von ihm«[165] in der Delbrückstraße.

Kay H. Nebel, *Vorführung der Stuten aus den Dschambe-Bergen in Dschamba*, 1913

So zahlreich auch malende ›Nebel‹ in der Kunstgeschichte sind, bei diesem hier kann es sich nur um den in Loitmark bei Eckernförde geborenen Wilhelm Heinrich (genannt Kay H.) Nebel handeln. Der Meisterschüler Max Kochs an der Berliner Kunstgewerbeschule erfuhr 1925 durch eine Kabinettsausstellung eigener Werke im Rahmen der berühmten Mannheimer Ausstellung zur Neuen Sachlichkeit hohe Anerkennung. Noch größere Bekanntheit erwarb er sich jedoch als Maler, der seine Liebe zur Natur und ihren Kreaturen auch künstlerisch auslebte: durch zahllose Tierbildnisse, Ölgemälde, Aquarelle, Zeichnungen u. a. m. – vor allem von Pferden, was ihm den spöttischen Beinamen ›Pferdemaler‹ eintrug. Mit der Zerstörung der Villa ging dieses von Scholem erinnerte Fresko unwiderruflich verloren, zumal auch keine Fotos davon überliefert zu sein scheinen. Doch mag man sich seine Wirkung auf den eintretenden Besucher wenigstens vorzustellen, wenn man Nebels zahllose Gestaltungen dieses Genres – von der frühen Gouache *Vorführung der Stuten aus den Dschambe-Bergen in Dschamba* aus dem Jahre 1913 bis zum späten Ölgemälde *Pferde bei Schleimünde* von 1948[166] – Revue passieren lässt. *Wie* Emil Benjamin an den Künstler geraten war, dessen Bilder dem Urteil zeitgenössischer Kritik nach »bisweilen … ins Dekorative«[167] abglitten (was dem Hausherrn freilich willkommen gewesen sein wird), darüber schweigen sich die Quellen aus. Waren ihm irgendwelche Werke des Malers, sei es in Privatwohnungen, sei es in irgendeiner Galerie, vor Augen gekommen? Hatte Emil Benjamin zu seiner Zeit bei Lepke gar welche versteigert? Oder stellte Max Koch, bei dem Nebel in den Jahren 1907 bis 1911 seine Ausbildung erfuhr, die Verbindung her? Koch wird nämlich nachgesagt, seinen talentierten Eleven »an vielen Arbeiten beteiligt« zu haben, »besonders an Wandmalereien und wenn es Pferde darzustellen galt«, wodurch Nebel »so auch bald Anschluß an die Berliner Gesellschaft«[168] gefunden habe.

SAMMLUNG EMIL BENJAMIN INCL. NACHGESCHICHTE

Mag das, was Emil Benjamin zur Verschönerung seines Heims ankaufte oder in Auftrag gab, sich bisweilen auf dem schmalen Grat zwischen Kunst und Kitsch bewegen, so bewies er doch auf anderem Gebiet durchaus jene Kennerschaft, die ihm in Sachen ›Kunst‹ abzugehen schien: beim Sammeln von Autographen herausragender Persönlichkeiten der (nicht nur) deutschen Geschichte. Eigenhändige Schriften berühmter Frauen und Männer zusammenzutragen, das war in damaliger Zeit das Briefmarkensammeln der begüterteren Schichten – und ebenso eine solide Kapitalanlage. Auf welch' verschlungenen Wegen aber gelangte Emil Benjamin zu seiner Passion? Waren es familiäre oder auch nachbarschaftliche Anstöße, die ihn zu seiner Sammelleidenschaft animierten?

Seinem Schwiegervater Georg Schoenflies wurde nachgesagt, eine überaus wertvolle Kollektion von Autographen besessen zu haben. Sie war offenbar derart beeindruckend, dass sie der Berliner Presse sogar eine kleine Notiz wert war, die als eine Art besonderer Nachruf einige Tage nach seinem Ableben erschien und an eine weniger bekannte Seite des erfolgreichen Geschäftsmannes erinnerte. Georg Schoenflies sei, so heißt es in diesem Artikel der *Berliner Börsen-Zeitung*, »einer der eifrigsten Autographensammler« gewesen und habe eine sehr »kostbare

Sammlung von Handschriften berühmter Männer« besessen, die er bis »in die letzte Zeit hinein durch Ankäufe auf allen Autographen-Versteigerungen zu vergrößern trachtete.« Noch kurz vor seinem Tod habe er auf einer Auktion »einige Nummern ersten Ranges« erworben, und »in seiner mit feinem Kunstgeschmack ausgestatteten Wohnung« hätte »die Autographensammlung seinen vornehmsten Schatz«[169] dargestellt. Wo die gesamte Kollektion abgeblieben ist, entzieht sich unserer Kenntnis, aber es ist nicht auszuschließen, dass sie oder wenigstens Teile davon den Grundstock von Emil Benjamins eigener Sammlung bildeten.

Vielleicht aber beflügelte auch Cornelius Meyer, sein Nachbar, Emil Benjamins Leidenschaft. Meyers Name wäre heute wohl vollends vergessen, hätte er nicht im Laufe seines Lebens eine Kollektion von Autographen zusammengetragen, von der kein Geringerer als Stefan Zweig meinte, sie spiegele nicht nur die ganze Liebe, Sorgfalt und Kennerschaft eines wahren Sammlers wider, sondern besteche auch dadurch, dass hier ganze Dynastien und Epochen der Geschichte wie etwa »das preußische Königshaus« oder »die deutsche Literatur von ihren Anfängen bis zur Gegenwart … übersichtlich klar in oft gewähltesten Exemplaren zusammengebracht« worden seien. Meyers »für Berlin, Brandenburg, Preußen und sogar ganz Deutschland so mustergültige Kollektion«[170] erfuhr am Ende dasselbe Schicksal wie die Emil Benjamins: Sie kam nach dem Ableben ihres Besitzers (1924) »zwecks Erbteilung«, wie es damals so schön hieß, unter den Hammer und wurde dadurch auseinandergerissen, so dass ihre Stücke in alle Weltgegenden getragen wurden, ohne dass man heute noch um den Verbleib jedes einzelnen wüsste. Insgesamt fünf (!) Versteigerungen, die das Auktionshaus von Karl Ernst Henrici (dessen stiller Teilhaber Meyer zu Lebzeiten war) veranstaltete[171], brauchte es, um die beträchtliche Hinterlassenschaft an den Mann bzw. die Frau zu bringen. Zu den Mitbietenden gehörten Interessenten aus dem In- und Ausland, und jede einzelne dieser Veranstaltungen wurde von der damaligen Presse mit größter Aufmerksamkeit verfolgt. Der Reiseschriftsteller und Berlin-Kenner Paul Lindenberg nahm die Auktionen zum Anlass, dieser einzigartigen Sammlung einen nostalgischen Nachruf zu widmen, indem er seinen Lesern einige der kostbarsten und bemerkenswertesten Stücke daraus ausführlich vorstellte: etwa einen Brief Martin Luthers aus dem Jahre 1532, in dem er seinen Landesherrn, den Kurfürsten Johann den Beständigen, zu einer versöhnlichen Haltung nach dem Nürnberger Religionsfrieden beschwört (»daß der Friede *über* dem Recht stehe«[172]); oder: ein Schreiben Heinrich Heines vom 6. Januar 1826, in dem er seinem ganzen Jammer über die eigene Taufe Ausdruck verleiht (»Ich bin jetzt bei Christ und Jude verhaßt. Ich bereue sehr, daß ich mich getauft hab'«[173]); schließlich: einige Dokumente Friedrichs II. als Beispiel dafür, wie der wohl berühmteste preußische König, der die französische Sprache so virtuos beherrschte, zugleich seine eigene nur »malträtierte«[174].

Ähnliches Aufsehen und Interesse vermochte die Versteigerung der Emil Benjaminschen Sammlung nicht zu wecken. Das lag zum einen daran, dass sie von Umfang und Kostbarkeit her dem Vergleich mit der Meyerschen nicht standhielt. Zum anderen hatten sich aber auch die Zeiten grundlegend geändert. Meyers Hinterlassenschaft wurde im Jahr nach Einführung der Rentenmark, dem Auftakt zu einer umfassenden Währungsreform, versteigert. Es schien also wieder aufwärts zu gehen im damaligen Deutschland, und so mochten viele nach den verlustreichen Erfahrungen mit der galoppierenden Inflation der vergangenen Jahre die Investition in Autographen als eine vertrauenswürdige und solide, ja angesichts eines offenbar ungebrochen lebhaften Marktes für diese Schriftstücke vielleicht sogar krisenfeste Anlage erachtet haben. 1931 hingegen machten sich in Deutschland längst die verheerenden Folgen des Zusammenbruchs der New Yorker Börse von 1929 bemerkbar. Zahllose Konkurse, die auch Firmen betrafen, an denen Emil Benjamin einst beteiligt war (wie etwa die hier bereits erwähnte *Actien-Gesellschaft für Bauausführungen*), wachsende Arbeitslosigkeit und vor allem die Eskalation der politischen Auseinandersetzungen, die die Tagespresse allenfalls noch mit wenigen Zeilen und unter bezeichnenden Überschriften wie *Die tägliche politische Schlägerei*[175] registrierte, ließen das Interesse an alten Schriftstücken bei den vermögenderen Schichten merklich sinken. Vermutlich flüchteten sie sich mit ihrem Geld lieber in weniger marktabhängige und konjunkturanfällige Anlagen, wie sie etwa Edelmetalle darstellten.

Im Gegensatz zu den Nachfahren Meyers hielten Emil Benjamins Erben seine Autographensammlung etwas länger in Ehren. Erst als auch seine Gattin Pauline gestorben war (1930), gelangte sie, nach einer gewissen Schamfrist, zur Versteigerung. Ihre letzte Besitzerin, die Tochter Dora Benjamin, übergab sie dem Auktionshaus J. A. Stargardt, und diese Wahl schuldete sich zuletzt noch einem gewissen Respekt für die Sammlung wie auch der Familientradition. Denn Stargardt war nicht nur eines der ersten Berliner Häuser für den Handel (u. a.) mit Handschriften, sondern der Firmengründer Joseph Stargardt war auch ein direkter Vorfahre von Pauline Schoenflies, nämlich ihr Großonkel.

Gershom Scholem zufolge hat Emil Benjamin die besten Stücke seiner Kollektion zwecks Aufrechterhaltung eines gehobenen Lebensstandards in den Inflationsjahren veräußert, darunter »als besondere Kostbarkeit einen großen Brief von Martin Luther«[176]. So jedenfalls habe es ihm dessen Sohn Walter erzählt. (Luther stand, das hatten schon die Versteigerungen der Meyerschen Kollektion gezeigt, bei Sammlern außerordentlich hoch im Kurs. So wechselte bereits 1924 ein Brief von ihm an den Kurfürsten von Sachsen für über 9000 Mark seinen Besitzer, was zugleich das höchste Ergebnis der Versteigerung war[177].) Was freilich über die Krisenjahre der Weimarer Republik hinweg gerettet wurde, war noch beeindruckend genug. Das ist dem Katalog der Auktion zu entnehmen, die am 6. und 7. März 1931 stattfand. Zwar kamen bei der Gelegenheit auch Stücke »aus anderem Besitz« unter den Hammer, doch klärt die glückliche Überlieferung eines annotierten Verzeichnisses[178] die Provenienz Losnummer für Losnummer.

Bei einem ersten, flüchtigen Blick in diesen Katalog scheint kein eng umrissenes Sammelgebiet erkennbar zu sein, stehen hier doch wirklich bedeutende Literaten (Goethe, Schiller und Heine) neben zweit- und drittrangigen (Willibald Alexis und Anastasius Grün), Geschichtsschreiber (Friedrich Christoph Dahlmann, einer der ›Göttinger Sieben‹) und Philosophen (Christian Thomasius, Leibniz, Kant, Hegel, Fichte, Schelling und Marx) neben Mathematikern (Carl Friedrich Gauß) und Astronomen (der Schwede Magnus Celsius), Künstler (Antonio Canova) neben Ärzten (Ludwig Büchner und Rudolf Virchow), deutsche neben ausländischen (Émile Zola), lebende (etwa der Künstler Ernesto de Fiori, einst Mieter in der Grunewald-Villa) neben längst verstorbenen Autoren. (Die ältesten Dokumente, Schreiben des Statthalters der Niederlande, Leopold Wilhelm, Erzherzog von Österreich, datieren aus den Jahren 1641 bzw. 1642.) Das Unverbundene eines scheinbar bloßen

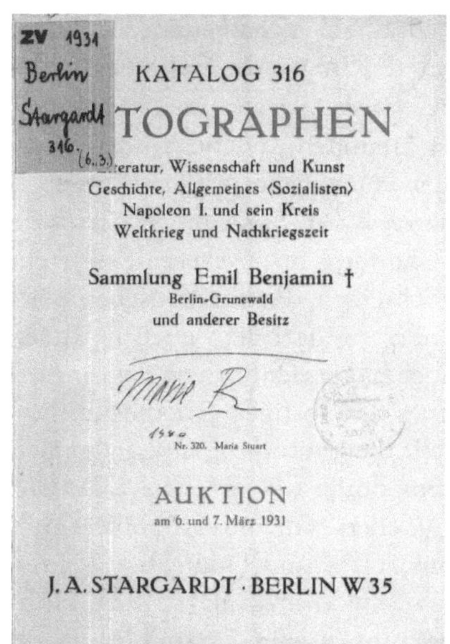

KATALOG 316

TOGRAPHEN

eratur, Wissenschaft und Kunst
Geschichte, Allgemeines (Sozialisten)
Napoleon I. und sein Kreis
Weltkrieg und Nachkriegszeit

Sammlung Emil Benjamin †
Berlin-Grunewald
und anderer Besitz

Nr. 320. Maria Stuart

AUKTION
am 6. und 7. März 1931

J. A. STARGARDT · BERLIN W 35

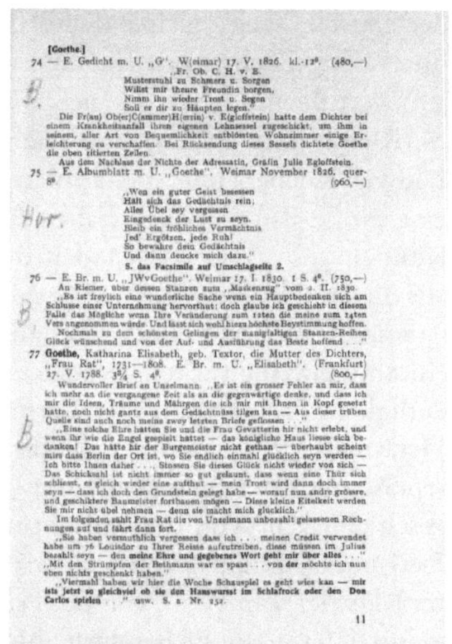

[Goethe.]

74 — E. Gedicht m. U. „G“. W(eimar) 17. V. 1826. kl.-12°. (480,—)

„Fr. Ob. C. H. v. E.
Musterstuhl zu Schmerz u. Sorgen
Willst mir theure Freundin borgen,
Nimm ihn wieder Trost u. Segen
Soll er dir zu Häupten legen.“

Die Fr(au) Ob(er)C(ammer)H(errin) v. E(gloffstein) hatte dem Dichter bei einem Krankheitsanfall ihren eigenen Lehnsessel zugeschickt, um ihm in seinem, aller Art von Bequemlichkeit entblössten Wohnzimmer einige Erleichterung zu verschaffen. Bei Rücksendung dieses Sessels dichtete Goethe die oben zitierten Zeilen.

Aus dem Nachlass der Nichte der Adressatin, Gräfin Julie Egloffstein.

75 — E. Albumblatt m. U. „Goethe“. Weimar November 1826. quer-8°. (960,—)

„Wen ein guter Geist besessen
Hält sich das Gedächtnis rein;
Alles Übel sey vergessen
Eingedenck der Lust zu seyn.
Bleib ein fröhliches Vermächtnis
Jed' Ergötzen, jede Ruh!
So bewahre dein Gedächtnis
Und dann dencke mich dazu.“

S. das Facsimile auf Umschlagseite 2.

76 — E. Br. m. U. „JWvGoethe“. Weimar 17. I. 1830. 1 S. 4°. (750,—)

An Riemer, über dessen Stanzen zum „Maskenzug“ vom 2. II. 1830.

„Es ist freylich eine wunderliche Sache wenn ein Hauptbedenken sich am Schlusse einer Unternehmung hervorthut; doch glaube ich geschieht in diesem Falle das Mögliche wenn Ihre Veränderung zum 12ten die meine zum 14ten Vers angenommen würde. Und lässt sich wohl hiezu höchste Beystimmung hoffen.

Nochmals zu dem schönsten Gelingen der manigfaltigen Stanzen-Reihen Glück wünschend und von der Auf- und Ausführung das Beste hoffend . . .“

77 **Goethe,** Katharina Elisabeth, geb. Textor, die Mutter des Dichters, „Frau Rat“, 1731—1808. E. Br. m. U. „Elisabeth“. (Frankfurt) 27. V. 1788. 3¾ S. 4°. (800,—)

Wundervoller Brief an Unzelmann. „Es ist ein grosser Fehler an mir, dass ich mehr an die vergangene Zeit als an die gegenwärtige denke, und dass ich mir die Ideen, Träume und Mährgen die ich mir mit Ihnen in Kopf gesetzt hatte, noch nicht gantz aus dem Gedächtnüss tilgen kan — Aus dieser trüben Quelle sind auch noch meine zwey letzten Briefe geflossen . . .“

„Eine solche Ehre hätten Sie und die Frau Gevatterin hir nicht erlebt, und wenn ihr wie die Engel gespielt hättet — das königliche Haus liesse sich bedanken! Das hätte hir der Burgemeister nicht gethan — überhaubt scheint mirs dass Berlin der Ort ist, wo Sie endlich einmahl glücklich seyn werden — Ich bitte Ihnen daher . . ., Stossen Sie dieses Glück nicht wieder von sich — Das Schicksahl ist nicht immer so gut gelaunt, dass wenn eine Thür sich schliesst, es gleich wieder eine aufthut — mein Trost wird dann doch immer seyn — dass ich doch den Grundstein gelegt habe — worauf nun andre grössre, und geschiktere Baumeister fortbauen mögen — Diese kleine Eitelkeit werden Sie mir nicht übel nehmen — denn sie macht mich glücklich.“

Im folgenden zählt Frau Rat die von Unzelmann unbezahlt gelassenen Rechnungen auf und fährt dann fort.

„Sie haben vermuthlich vergessen dass ich . . . meinen Credit verwendet habe um 76 Louisdor zu Ihrer Reisse aufzutreiben, diese müssen im Julius bezahlt seyn — den **meine Ehre und gegebenes Wort geht mir über alles** . . .“ „Mit den Strümpfen der Bethmann war es spass . . . von **der** möchte ich nun eben nichts geschenkt haben.“

„Viermahl haben wir hier die Woche Schauspiel es geht wies kan — **mir ists jetzt so gleichviel ob sie den Hanswurst im Schlafrock oder den Don Carlos spielen** . . .“ usw. S. a. Nr. 252.

11

»Sammlung Emil Benjamin«. Auktionskatalog des Antiquariats J. A. Stargardt. Einband und Innenseite

Sammelsuriums von Schriftstücken aus der politischen, sozialen und kulturellen Geschichte vornehmlich des 18. und 19. Jahrhunderts mag darauf zurückzuführen sein, dass diese Sammlung in der Vergangenheit tatsächlich hatte Federn lassen müssen.

Dass die Kollektion gewisse Schwerpunkte besessen haben muss, dessen wird man bei genauerem Hinsehen gewahr, nämlich wenn man diesen Katalog genau durchgeht. Dabei schält sich vor allem ein Thema heraus, das man mit den Stichworten ›Goethe-Zeit‹ sowie ›Wirkung und Nachwirkung‹ des großen Dichters überschreiben kann. Da fehlt es an kaum einem Schriftstück, das nicht wichtige Aspekte der Zeit und Lebenswelt Goethes dokumentierte. Neben Briefen und Manuskripten Goethes selbst finden sich solche seiner Verwandtschaft (»Frau Rat«, d. i. die Mutter Katharina Elisabeth, geb. Textor, die Schwiegertochter Ottilie, geb. von Pogwisch, und die Enkel, Walther Wolfgang und Wolfgang Maximilian) wie der »Herrschaft« über Weimar (Anna Amalia, Herzogin von Sachsen-Weimar, und ihr Sohn Karl August), der engsten Wegbegleiter (Schiller) wie Epochengefährten (der Sturm und Drang-Dichter Friedrich Maximilian Klinger, die Gebrüder Schlegel), von Bewunderern wie geistigen Gegnern (Lavater), seiner Sekretäre (Riemer und Eckermann) wie von Freunden und Bekannten (Karl Ludwig Knebel) und nicht zuletzt der Frauen, die in Goethes Leben eine große Rolle gespielt haben (Charlotte von Stein sowie Charlotte Kestner, geb. Buff, das Modell der Charlotte im *Werther*). Selbst ein aus diesem Zeitraum herausfallendes Schreiben, das des dänischen Märchenschriftstellers Hans Christian Andersen, darf man noch in diesen Zusammenhang rücken, handelt es doch hauptsächlich von dessen Aufenthalt in Weimar und der Enthüllung des dortigen Goethe-Schiller-Denkmals, 1857. Darüber hinaus stellt die Sammlung einen ziemlich repräsentativen Querschnitt wenigstens durch die deutsche Literaturgeschichte dar. Von der Aufklärung (Gellert, Gleim, von Haller) zum Pietismus (Philipp Jacob Spener), vom Sturm und Drang zur Weimarer Klassik (Jean Paul), von der Früh- zur Spätromantik (E. T. A. Hoffmann, Chamisso, Eichendorff) bis hin zum »Jungen Deutschland« und der politischen Dichtung des Vormärz (Freiligrath, Gutzkow, Herwegh, Hoffmann von Fallersleben) ist darin alles vertreten, was damals schon wie heute noch Rang und Namen hatte. Ein einziger unter den wirklich wichtigen Autoren dieser Epochen fehlt, und das ist Lessing. Doch sind in dieser Sammlung zumindest einige Schreiben seines Umfeldes vorhanden: etwa des Verlegers Joachim Heinrich Campe oder des engen Freundes Johann Joachim Eschenburg.

Dass diese wie ebenso all die ungenannt gebliebenen Namen eine teils herausragende Rolle in den Schriften *Walter* Benjamins spielten, ist an sich nichts Bemerkenswertes. Schließlich war der Sohn Emils freier Schriftsteller, und als Literaturkritiker kam er beinahe täglich mit diesen Autoren in Berührung. Dass jedoch die Anerkennung der herausragenden Bedeutung Goethes und der Romantiker für die deutsche Literatur, wie sie etwa Walter Benjamins Dissertation *Der Begriff der Kunstkritik in der deutschen Romantik*[179] oder sein großer Essay über *Goethes Wahlverwandtschaften*[180] widerspiegeln (um hier nur zwei Beispiele zu nennen), nicht auch von der Kenntnis dieser beeindruckenden Autographensammlung gespeist ist, möchte man kaum glauben.

Evidenter noch wird die Rolle dieser Kollektion als einer Inspirationsquelle für gewisse Schriften Walter Benjamins dort, wo man im Auktionskatalog auf Namen wie Johann Friedrich Dieffenbach, Georg Christoph Lichtenberg, Justus Liebig, Johann Heinrich Pestalozzi oder Johann Gottfried Seume (u. a.) trifft. Sie spielen eine zentrale Rolle in den *Deutschen Menschen* aus dem Jahre 1936[181], sind konstituierender Teil einer Anthologie kommentierter Briefe deutscher Geistesgrößen des 18. und 19. Jahrhunderts. Ursprünglich erschienen diese mit einer Einleitung des Herausgebers versehenen Privatschreiben zwischen Ende März 1931 und Mai 1932 einzeln in der *Frankfurter Zeitung*. Zwar ist in diese Blütenlese des deutschen Briefes kein einziges Dokument eingegangen, das einst Teil der väterlichen Autographen-Sammlung gewesen wäre. Ansonsten aber passt alles zusammen, sogar zeitlich. Das erste kommentierte Schreiben erschien nicht einmal einen Monat, nachdem die Kollektion unter den Hammer gekommen war. Und die weitere Abfolge nimmt sich aus, als hätten die Autographen Emil Benjamins die Spur gelegt, als hätte dessen Sammlung bei einer letzten Durchsicht vor ihrem Verkauf den Paten einer bloßen Idee bzw. »Laune« abgegeben, aus der eine »beiläufige Anregung« erwuchs, der die Redaktion der *Frankfurter Zeitung* dann »mit Vertrauen«[182] folgte, indem sie im Laufe gut eines Jahres insgesamt 27 kommentierte Dokumente veröffentlichte.

DER ERSTE BERLINER EISPALAST – IN CHARLOTTENBURG

Lange Zeit galt Berlin unter den Großstädten Deutschlands wie den Hauptstädten Europas als der Parvenü, der zuletzt Gekommene und Emporkömmling – als ein Ort ohne festes Gefüge und wirkliches Gepräge, dem selbst die damals noch autonomen Nachbarstädte Charlottenburg, Schöneberg oder Wilmersdorf in vielem, vor allem in Wohlstand und Lebensqualität, den Rang abliefen. So mag es nicht weiter verwundern, wenn der erste *Berliner* Eispalast trotz seines Namens nicht in der Hauptstadt, sondern in Charlottenburg errichtet wurde. Mit diesem Bauwerk wollte man nicht nur zu deutschen Städten wie beispielsweise München aufschließen, sondern vor allem mit den europäischen

Metropolen London (und seinem Crystal Palace) sowie Paris (Palais de Glace) gleichziehen, ja, sie sogar übertrumpfen. Die Pläne dazu reichen bis in die ersten Jahre des 20. Jahrhunderts zurück.

Bereits Anfang 1903 meldete die Berliner Presse, *Tageblatt*, *Börsen-* und *Volks-Zeitung* (u. a.), in fast wortgleichen Beiträgen, dass die Hauptstadt demnächst um eine Attraktion reicher werde. Denn noch im laufenden Jahr solle »ein neues großstädtisches Etablissement, ein Eispalast nach dem Vorbilde des Palais de glace in Paris« entstehen. Den möglichen Verdacht, es handele sich dabei wiederum nur, wie schon allzu oft in Berlins damals jüngster Vergangenheit, um die Idee irgendeines Terrain-Spekulanten, der mit derlei Projekten allein die Wertsteigerung seiner Immobilien im Auge hatte, zerstreuten weitere Details. Sie schienen nicht nur die Seriosität des Unternehmens zu gewährleisten, sondern gaben auch zu verstehen, dass sich alles bereits in einem fortgeschrittenen Stadium der Planung befinde. Das Gebäude solle auf dem »Grund und Boden« der »Lehndorffschen Erben … am *Friedrich Karl-Ufer*, neben dem Lessing-Theater erstehen«[183]. Und mit der Realisierung des Großprojekts seien schon Berliner Unternehmen betraut worden: »Der Bau soll von der hiesigen Baufirma Lachmann und Zauber ausgeführt werden, während die Eisen-Constructionen von der Firma Borsig geliefert« würden. Schließlich sei auch, und dies war zweifellos die wichtigste Nachricht, jedenfalls für potentielle Anleger, seine Finanzierung gesichert: Die nötigen Mittel »für dieses neue Unternehmen« seien vor einigen Tagen in einer »Versammlung von Berliner Capitalisten« – diese Bezeichnung war in der damaligen bürgerlichen Presse noch keineswegs verpönt! – »gezeichnet worden«, die »auch die Anregung«[184] für den Bau gegeben hätten.

Ob Emil Benjamin schon dieser frühen Interessengemeinschaft angehörte, lässt sich leider nicht klären, denn die beteiligten Akteure blieben in allen Artikeln ungenannt. Ebenso wenig erfährt man aus den Zeitungen, warum dieses Projekt, mit dem keine simple Eislaufstätte, sondern eine, wie man heute sagen würde, Multifunktionshalle erstehen sollte – mit »großen Gesellschafts-, Tanz-, Theater- und Konzertsälen«, ja möglicherweise sogar einem »erstklassigen Variététheater«[185] –, am Ende wieder im Sande verlief. Freilich, gut fünf Jahre später sollte der Großraum Berlin dann doch noch seinen Eispalast bekommen, denn mit dem Sportpalast in der Potsdamer Straße (eröffnet 1910) und dem Admiralspalast in der Friedrichstraße (1911) folgten ihm schon bald ähnliche Vergnügungsstätten. Seiner ganzen Konzeption nach entsprach dieser erste Eispalast dem frühen Projekt von 1903. Insofern darf man personelle Überschneidungen in der Zusammensetzung beider Konsortien zumindest vermuten. An dieser *›Berliner Eis-Palast‹ G. m. b. H.*, die sich an der Jahreswende 1906/07 konstituierte (der Eintrag ins Handelsregister erfolgte am 18. Januar 1907[186]) und deren Bau im September 1908 offiziell eröffnet wurde, war Emil Benjamin »mit einem größeren Betrage«[187] beteiligt. Die Investition versprach hohe Renditen, denn die Gesellschaft stellte in ihren »Prospekten«, die sie teils als großflächige Anzeigen in den Tageszeitungen Berlins (*Tageblatt* und *Börsen-Zeitung*) wie auch des übrigen Reichsgebietes (*Hamburger Nachrichten*) schaltete, einen »Reingewinn von 30-40%«[188] in Aussicht.

IM VIERTEL DER VORNEHMSTEN UND ZAHLUNGSKRÄFTIGSTEN

Errichtet wurde das Gebäude im damaligen Zentrum des neuen Berliner Westens, dort, wo »das vornehmste, zahlungsfähigste Publikum Berlins«[189] wohnte, wie der Korrespondent einer Hamburger Zeitung etwas herablassend bemerkte. Und zwar entstand der Komplex auf dem Gelände der ehemaligen Charlottenburger Gasanstalt zwischen Luther-, Motz- und Augsburgerstraße (nachmals Fuggerstraße). Das Areal hatte eine Ausdehnung von gut 500 damaligen Quadratruten, was einer Fläche von über 7000 Quadratmetern entspricht. Gemessen an der Baudauer heutiger Großprojekte wurde die Riesenhalle in erstaunlich kurzer Zeit errichtet. Begonnen Anfang 1907, war der Komplex bereits im August 1908 fertiggestellt, und das, obwohl die Arbeiten für »mehrere Monate« geruht hatten, weil den Anteilseignern vorübergehend das Geld ausgegangen war und sie erst »neue Mittel«[190] hatten beschaffen müssen. Die kalkulierten Kosten beliefen sich auf rund drei Millionen Mark, die durch Hypothekendarlehen und das (erst später aufgestockte) Kapital der GmbH von 1,2 Millionen Mark abgedeckt waren. Am Ende kostete das Unternehmen jedoch weit über vier Millionen. Für den Entwurf und die Bauleitung zeichnete der Architekt Walter Hentschel verantwortlich, für die technischen Einrichtungen der Baumeister Hans Alfred Richter, der wenige Jahre später Berlins erste große Automobil-Ausstellungshalle an der Avus erschaffen sollte.

Alles an diesem Bau war, folgt man einer rechtzeitig zur Eröffnung publizierten, aufwendig gedruckten Hochglanz-Werbebroschüre, höher und größer, schöner und neuer, glanz- und stilvoller, moderner und auf einem avancierteren, eben: dem letzten Stand der Technik als die vergleichbaren Bauten in London und Paris. Hinter einer »weniger massiv als elegant wirkenden« neobarocken Fassade, deren 82 (!) Meter »in einzelnen Motiven an … altrömische zirzensische Spielhäuser« erinnerte, verbarg der Berliner Eispalast die damals weltweit größte überdachte Eisfläche. Auf über zweitausend Quadratmetern konnten sich »etwa 1.500« Eislauf-Begeisterte »ungezwungen und in freiestem Spielraum bewegen«[191]. In den ersten Tagen soll darauf freilich »ein Gedränge wie bei einer Bauernhochzeit auf dem Tanzboden des Dorfwirtshauses«[192] geherrscht haben, wie der Berlin-Korrespondent einer Wiener Tageszeitung spöttisch bemerkte. Für das hochmoderne »Kälteerzeugungssystem« der Eishalle zeichnete mit der »auf dem Gebiete der Kältetechnik rühmlichst bekannten«[193] Firma von August Borsig zweifellos ein Maschinenbau-Unternehmen von Weltruf verantwortlich – den es sich jedoch mit der Herstellung von Dampflokomotiven erobert hatte. Durch ein großzügiges »Vestibül mit Garderobe«, dessen »Wandbekleidungen in ganz neuer Glastechnik nach einem neuen Patentverfahren« hergestellt waren, trat man in ein Gebäude ein, das seinem Publikum im Laufe der Jahre neben sportlichem Vergnügen vor allem »glänzende gesellschaftliche Veranstaltungen« bot: Theateraufführungen, Konzerte, Varieté-Darbietungen, Zirkus-Vorführungen u. a. m., denen bis zu dreitausend Zuschauer auf den Galerien rund um die Arena bei behaglichen Raumtemperaturen in »bequemen Sitz- und Restaurationsgelegenheiten«[194] beiwohnen konnten.

Unter dem Dach einer 18 Meter hohen Eisenkonstruktion verteilte sich der Betrieb der Stätte auf insgesamt vier Etagen, deren Ausstattung den Vergleich mit heutigen, hochmodernen Vergnügungspalästen und (!) Fitnesszentren nicht hätte zu scheuen brauchen. Hier wurde so ziemlich alles geboten, was Unterhaltungssüchtige, Gesundheitsapostel und Sportbegeisterte suchten. Für »gesellschaftliche Zusammenkünfte der grossen Welt«[195] bzw. als »Sammelplatz der vornehmen und guten Berliner Gesellschaft«[196] standen ein »modernes Kaffeehaus«[197], dessen Räumlichkeiten sich über zwei Etagen erstreckten, sowie zwei elegant eingerichtete, repräsentative Festsäle zur Verfügung: ein kleiner mit Blick auf die Eisfläche, dessen »Plafond … in der berühmten Glastechnik des Kunstmalers [Hermann] *Schudt*-Charlottenburg (Pittur-Mosaik) hergestellt« war, was »diesen intimen Festraum zu einer besonderen Sehenswürdigkeit« machte, und ein großer mit »Orchestertribüne in ebenso reicher als geschmackvoller Ausstattung«[198]. Beide lagen im ersten Stock und konnten für größere Veranstaltungen miteinander verbunden werden. Darüber hinaus beherbergte der Komplex unterschiedlichste Sport-, Hygiene- und orthopädische Einrichtungen mit allem nur vorstellbaren Brimborium: »elektrische Lichtbäder« sowie »die modernste hygienische Form des Schwitzbades« (also eine schlichte Sauna), »Bäder mit galvanischem, faradischem und Wechselstrom im Voll- oder Vierzellenbad, sowie das ganze Heer der medizinischen und kosmetischen Bäder« bis hin zu einem »Sonnen- und Luftbad«[199] auf dem Dach des Gebäudes, das man selbstverständlich in einem bequemen Fahrstuhl erreichte. Eine weitere großzügige Einrichtung bildete der »Zander-Saal«, eine Art damaliges Fitness-Studio, in dem »sämtliche Apparate der schwedischen Heilgymnastik mit den modernsten Bewegungsapparaten vereinigt« waren. Sie dienten nicht nur der »Unterstützung der haus- und spezialärztlichen Behandlung mannigfacher Leiden«, sondern sollten insbesondere dem »Bewegungsmangel des geistigen Arbeiters« und den »Folgen sitzender und allzu bequemer Lebensweise«[200] abhelfen. Ferner gab es einen geräumigen »Kinderturnsaal« zur »Korrektur schlechter oder schlapper Haltung … sowie planmässigem Heilturnen«, eine »Trainieranstalt für Schlittschuhlaufen, Rudern und überhaupt jeglichen Sport«[201] und sogar einen »Lawn-Tennisplatz«[202]. Selbst der Kunst wurde hier die ihr gebührende Reverenz erwiesen. Dem Haupteingang gegenüber, an der Stirnwand der Halle, waren »sechs riesige Spiegel« angebracht, die eine »vom Kunstmaler *R[ichard] Eschke* entworfene und ausgeführte Eislandschaft aus dem Engadin (St. Moritz)«[203] einrahmte.

Ehe sich am 1. September 1908 die Tore des Eispalastes für das zahlende Publikum öffneten, fand am Vortag eine medienwirksam inszenierte, feierliche Einweihung des Hauses statt, mit beeindruckenden Darbietungen Berliner Eislaufvereine und unter Teilnahme von allerlei Prominenz. Persönlichkeiten aus Politik, diplomatischem Dienst und Verwaltung gaben sich hier neben Vertretern der Wirtschafts-, Handels- und Finanzwelt ein Stelldichein, Architekten beehrten neben Theaterdirektoren und Künstlern die Veranstaltung mit ihrer Anwesenheit. Der ehemalige deutsche Botschafter in den Vereinigten Staaten, Theodor von Holleben, gehörte ebenso zu den Geladenen wie einer der reichsten Männer Preußens, James von Bleichröder, Sohn des Bismarck-Bankiers Gerson. Neben dem »Senior der deutschen Schauspielkunst[204] Friedrich Haase befanden sich unter den Gästen die Leiter des Theaters am Nollendorfplatz, des Residenztheaters und des Lustspielhauses, Alfred Halm, Richard Alexander und Martin Zickel. Architekten wie Walter Kyllmann (u. a. Schöpfer der Berliner *Kaisergalerie*) und Bruno Schmitz (nach dessen Plänen das Kyffhäuser-Denkmal entstand) tummelten sich neben Repräsentanten der Berliner Bildhauerschule im Gedränge, unter ihnen Gustav Eberlein und Fritz Schaper.

Angesichts derart geballter Prominenz hielt sich der überwiegende Teil der Presse mit spöttischen oder gar abschätzigen Kommentaren über das Ereignis merklich zurück. Nur der Korrespondent der liberaldemokratischen *Berliner Volks-Zeitung* nahm in seinem Artikel insbesondere den Bürgermeister und Freigeist Georg Reicke sowie die kurze Rede des Aufsichtsratsvorsitzenden der *›Berliner Eis-Palast‹ G. m. b. H.*, Fedor Berg, aufs Korn: »Solch ein frischgebautes Institut muß gebührend geweiht werden, und demzufolge werden alle Mann an Deck zitiert, die immer dabei sind, und die immer dabei sein müssen, und die direkt fehlen würden, wenn sie nicht dabei sein sollten. Demzufolge hielt unser unentwegter Dichter – pardon Bürgermeister [Georg] Reikke*, der die Stadt Berlin ebenso würdig wie überall repräsentiert, und

* Der Sohn des renommierten Kant-Forschers Rudolf Reicke hat zahlreiche Gedichte, Theaterstücke und Erzählungen hinterlassen. In seinem 1903 erschienen Roman *Im Spinnenwinkel* gestaltete er literarisch den Konflikt zwischen bürgerlichem Beruf und künstlerischer Berufung.

Die Fassade des Berliner Eispalastes

den ganz Europa nebst den angrenzenden Erdteilen um die viele, viele Zeit dazu beneidet, als Erster im ordenprunkenden Frack Einzug … Außer ihm waren auch die anderen Fracks, deren Anblick bei derartigen Angelegenheiten schon ein sozusagen altgewohnter ist, und in denen Kommerzienräte, Harry Waldens*, Architekten, Kultusminister, junge Herren mit gar keinem Charakter, aber sehr viel Taschengeld stecken, vollzählig erschienen, erzählten sich von der Sommerreise, machten den Damen Komplimente und fanden alles entzückend, reizend, himmlisch und originell. Irgendeiner der Fracks … klopfte sogar mit dem Messer gegen das Sektglas und verlas… eine minutenlange Rede, aus der man mitunter ein paar Brocken wie ›wahrhaft volkstümlicher Sport‹, ›kaiserliche Residenzstadt‹, ›hervorragender Monarch‹ heraushörte, und nachdem er mit der flehenden Bitte geendet, daß ›der Aar der Hohenzollern auch über den Dächern dieses Hauses schweben möge‹, blies das Musikkorps einen dreimaligen Tusch, infolgedessen die ahnungslosen Mitein-

* Gemeint ist hier der Schauspieler Harry Walden, zu dessen frühen Paraderollen vor allem jugendliche Helden, Lebemänner und Liebhaber gehörten.

weihenden einen riesigen Schreck bekamen. Das trübte aber die schöne Stimmung keineswegs«[205].

Ob sich auch Walter Benjamin, der älteste Sohn Emils, mit dem Wort von den charakterlosen und verwöhnten jungen Herren angesprochen fühlte, sollte es dem damals 16jährigen denn unter die Augen gekommen sein? In seinen späteren Berliner Reminiszenzen schloss er nicht aus, dass ihn sein Vater möglicherweise schon zur Einweihung des Eispalastes mitgenommen habe[206]. Dort freilich konnte er dem bunten Treiben kaum wirklich etwas abgewinnen. Da seiner Erinnerung nach das Etablissement vor allem auch »ein recht betriebsames Nachtlokal« gewesen sei – was die Presse der Wilhelminischen Ära aus nur zu verständlichen Gründen verschwieg –, so hätten ihn ganz andere Dinge als »die Darbietungen in der Arena« gefesselt. Es waren in erster Linie

Das Innere des Berliner Eispalastes

»die Erscheinungen an der Bar«, die er »von irgendeiner Rangloge aus in Ruhe« habe verfolgen können und die seine ganze Aufmerksamkeit in Anspruch nahmen: »unter ihnen« eine »Hure in einem weißen sehr eng anliegenden Matrosenanzug«, deren Erscheinung allein schon, und ohne dass er je mit ihr ein Wort gewechselt hätte, seine »erotischen Phantasieen auf viele Jahre bestimmte«[207].

In den ersten ein, zwei Jahren seines Bestehens war der Eispalast geradezu ein Dauerthema in der Presse. Und das nicht etwa, weil er Negativ-Schlagzeilen geschrieben hätte. Die gab es zwar auch, etwa wegen der Schmutz- und Geruchsbelästigung durch den »großen Schornstein«[208] der Anlage. Ansonsten aber waren es zunächst nur Erfolgsmeldungen, die die Reporter in die Welt hinaustrugen. Sie betrafen beispielsweise den überraschend hohen Zuspruch, den der neue Vergnügungspalast fand. Schon am Eröffnungstag war der Andrang so groß, dass die Kassen zeitweilig geschlossen werden mussten und niemand mehr eingelassen wurde. Schon in den ersten vier Wochen zählte man annähernd 35 000 zahlende Besucher, und nach drei Monaten waren es schon mehrere Hunderttausend: »340.194«[209], so das *Prager Tagblatt*. Bis zum Jahresende spielten so allein schon die Brutto-Einnahmen aus dem Eintrittskarten-Verkauf annähernd ein Zehntel der gesamten Baukosten ein! Mit großer Genugtuung konnten die Verantwortlichen daher von einem finanziellen Ergebnis sprechen, das »sehr befriedigend«[210] ausgefallen sei. Das positive Geschäftsresultat machte, da auch eine anständige Dividende von 7 Prozent für die ersten vier Betriebs-Monate des Jahres 1908 ausgeschüttet wurde[211], die Anteile des Eispalastes zu gefragten Papieren am Berliner Finanzmarkt, die sogar per Zeitungsannonce gesucht wurden[212]. Für das nachfolgende volle Geschäftsjahr 1909 wurden die Einlagen sogar mit 10 Prozent Dividende honoriert[213], aber da war die GmbH bereits in eine Aktien-Gesellschaft umgewandelt worden.

Doch mit dem dritten Geschäftsjahr (1910) begann schon der allmähliche Niedergang des Unternehmens. Der Gewinn halbierte sich. 1911 schrieb man erstmals rote Zahlen, und 1912 waren die Verluste auf rund eine halbe Million Mark angestiegen, was bereits einem Viertel des gesamten Aktien-Kapitals entsprach. Die Gründe dafür waren unterschiedlicher Art. Die Geschäftsleitung erklärte sie wiederholt mit ungünstigen Witterungsbedingungen. Mal war es im Herbst noch zu milde[214], mal war es ein zu strenger Winter, der die Eislauf-Begeisterten statt in die Halle auf Berlins umliegende Seen und Flüsse lockte[215]. Zudem war der Gesellschaft mittlerweile ernsthafte Konkurrenz erwachsen. Auf die Eröffnung des Sportpalastes – die Megahalle in der Potsdamer Straße verfügte nicht nur über eine größere Eisfläche, sondern bot in ihrem Inneren, je nach Veranstaltung, auch bis zu zehntausend Besuchern Platz* – reagierten die Verantwortlichen noch vorbeugend und gewissermaßen geschäftslogisch: mit einer »gebotenen Ermässigung der Eintrittspreise« sowie »erhöhten Aufwendungen«[216], was immer das im Einzelnen bedeuten mochte. Als dann aber auch noch der Admiralspalast seine Tore öffnete, fand man schon keine wirkliche Antwort mehr auf die Konkurrenz, die doch, wenigstens einer weit- und immer wieder neu verbreiteten (Markt-) ›Weisheit‹ zufolge, das Geschäft nur belebe. Oder besser gesagt: Alles, was man unternahm, zog keinen Erfolg nach sich, der auch zu Buche geschlagen wäre. Um neue Besucherschichten anzulocken, veränderte und erweiterte man vor allem das Unterhaltungsangebot. So wurde ein Spielkasino eingerichtet, das offenbar leidliche Gewinne in die Kassen spülte, jedenfalls »guten Nutzen« brachte, wie man verlautbaren ließ. Auch eröffnete man ein Variété-Theater, das sich jedoch als »grosser Fehlschlag«[217] erwies und nur Verluste eintrug. Schließlich lockte man mit einem »feinen Weinrestaurant in Verbindung mit einer Bar«[218], über dessen Rentabilität sich die Quellen jedoch ausschweigen. Auch erwiesen sich die Verantwortlichen als durchaus investitionsfreudig, indem sie den Bau einer Eiskristall-Fabrik in der nahegelegenen Nordhausener Straße veranlassten. Doch leider amortisierte sich dieser Neubau nicht schnell genug, um den immer tieferen Fall der Gesellschaft aufzuhalten. Die Konsequenz war am Ende ein Sanierungskonzept mit den üblichen Einsparungen bei den Personal- und Unterhaltungskosten, mit Umschuldungen und Ähnlichem mehr, was jedoch ebenso wenig greifen sollte.

Es scheint dies einer der wenigen Fälle zu sein, in denen selbst die Entschiedenheit und Härte des Geschäftsmannes Emil Benjamin wenig bewirkte. Zunächst ließ er sich im November 1913 auf einer au-

* Obwohl der im Zweiten Weltkrieg stark beschädigte Bau längst abgerissen wurde (1973), bleibt sein Name doch ein fester Bestandteil der Geschichtsbücher. Denn nach der Niederlage der deutschen Truppen in Stalingrad hielt hier am 18. Februar 1943 Joseph Goebbels seine berüchtigte Sportpalast-Rede, mit der er den »totalen Krieg« ausrief.

ßerordentlichen Aktionärs-Versammlung in den Aufsichtsrat der Eispalast-AG wählen[219], vermutlich auch als Vertreter der *Actien-Gesellschaft für Bauausführungen*, die zu den Hauptgläubigern der Charlottenburger Eishalle zählte. Einen Monat später kürte man ihn dann im Zuge einer Zusammenkunft der Aufsichtsräte, auf der es hoch hergegangen sein muss, sogar zum Leiter dieses Gremiums[220]. Und man darf vermuten, dass Emil Benjamin tatkräftig an der Entmachtung des bisherigen Vorsitzenden (und Mehrheits-Aktionärs) mitgewirkt hatte. Damit begann seine Sisyphusarbeit als Sanierer, bei der er anfangs durchaus Erfolge erzielte, indem er in schwierigen Verhandlungen die Hauptgläubiger von der Notwendigkeit eines Vergleichs überzeugen konnte. Dass er vermutlich ähnlich entschieden auch gegenüber Anteilseignern handelte, dafür mag eine kleine Episode als Indiz stehen. Im April 1914 hatte Emil Benjamin auf einer Generalversammlung den vorgelegten Geschäftsbericht pro 1913 zu verteidigen. Bei dieser Gelegenheit wurde er von einem Aktionär dafür attackiert, dass er die Einkünfte des Aufsichtsrats von den rigorosen Einsparungen ausgenommen hatte. Laut Presse soll er darauf geantwortet haben, »er habe Wert darauf gelegt, das Konto Tantieme … deutlich zum Ausdruck kommen zu lassen, um zu kennzeichnen, dass dem Aufsichtsrat ein Anrecht auf Tantieme zustehe.«[221]

Als vier Monate später der Krieg ausbrach, wurden alle Sanierungs-Bemühungen Makulatur. Der Betrieb des Eispalastes wurde »bis auf das Café eingestellt«[222] und die Eishalle an die Stadt Berlin verpachtet, die sie »als *Kühlraum zur Konservierung von Fleischvorräten*«[223] nutzte. Damit aber waren wesentliche Einnahmen, mit denen man Warenschulden hätte begleichen, Gerichtskosten bezahlen und Hypothekenzinsen bedienen können, nicht mehr zu verzeichnen, und es blieb nur noch der Weg zum Konkursrichter. Der wurde im April 1915 beschritten, und die *Berliner Börsen-Zeitung* registrierte in ihrer Ausgabe vom 3. April dieses Ereignis nur noch kurz, trocken und bündig mit den Worten: »Nachdem die geplante Sanierung der Berliner Eis-Palast Akt.-Ges. unmöglich geworden und das Unternehmen infolge des Krieges noch starke Ausfälle erlitten hat, war der Zusammenbruch unvermeidlich. Vorgestern ist nunmehr *Konkurs* eröffnet worden.«[224] Im Juni 1918, und damit noch vier Monate vor Ende des Ersten Weltkrieges, wurde das Anwesen dann zwangsversteigert. Den Zuschlag erhielt für gut zwei Millionen Mark »die Charlottenburger Theaterbau-Gesellschaft m. b. H.«[225]. 1920 fand an diesem Ort die legendäre Berliner *Scala* ihre Heimstatt, und damit erblühte der ehemalige Eispalast zu neuem Glanz, denn die *Scala* war eine der berühmtesten deutschen Varieté-Bühnen. 1944 wurde sie, deren Räumlichkeiten bereits im November 1943 durch alliierte Bomben weitgehend zerstört worden waren, auf Geheiß des nationalsozialistischen Propagandaministers Joseph Goebbels geschlossen. In den 1960er Jahren fand das Berliner Kabarett *Die Wühlmäuse* in den Überresten des Gebäudes ihren zeitweiligen Aufführungsort, im darauffolgenden Jahrzehnt wurde es dann endgültig abgetragen und durch einen nichtssagenden Neubau ersetzt.

AUGUST 1914

1. August 1914, Verkündung der allgemeinen Mobilmachung

Am 1. August 1914 verkündete Wilhelm II. vom Balkon des Berliner Stadtschlosses herab die allgemeine Mobilmachung und gab vor, fortan keine Parteien oder Konfessionen mehr zu kennen, sondern nur noch deutsche Brüder. Seine kurze Rede versetzte die Menschenmassen (darunter auch deutsche Schwestern), die sich im Lustgarten versammelt hatten, in eine wahre Ekstase, riss sie zu Begeisterungsstürmen und patriotischen Gesängen hin. Möglich, dass sich unter den Euphorisierten auch Bewohner der Delbrück-/Jagowstraße befanden. Sicher aber wird der eine oder andere von ihnen den Wegrand gesäumt haben, als der Kaiser am folgenden Tag »im offenen Automobil« zum Grunewald aufbrach. Auch auf dieser »zweistündigen Ausfahrt« brandete dem Monarchen »allenthalben … stürmischer«[226] Jubel entgegen. Und unter den Schaulustigen wird kaum einer aus der Villenkolonie gefehlt haben, am allerwenigsten der Reserve-Offizier (und Kursmakler) Hans Praetorius, der erst jüngst in der Delbrückstraße eingezogen war. Auch der Sohn Emil Benjamins, der gerade einmal neunzehnjährige Georg, war offenbar vom berühmt-berüchtigten Augusterlebnis ergriffen. Eine »unbezwingliche Abenteuerlust« dränge ihn, so vertraute er seinem Diarium dieser Tage an, sich freiwillig zum Militär zu melden, dann könne er »endlich … Großes erleben« und »gegen die Unkultur … kämpfen.«[227]

Freiwillig aber meldete sich zunächst Georgs älterer Bruder Walter Benjamin, jedoch ohne jeden »Funken Kriegsbegeisterung im Herzen«[228], wie er in den Erinnerungen an seine Berliner Jahre schrieb. Als 22jähriger wäre er ohnehin in nächster Zeit eingezogen worden. Sich aber unaufgefordert bei den Militärbehörden einzufinden, hatte damals noch den Vorteil, Kaserne und Regiment wählen zu können, in der bzw. bei dem man seine Grundausbildung ableisten wollte. Kurioserweise meldete sich Walter Benjamin in der Dragonerkaserne in der Belle-Alliance-Straße (heute Mehringdamm), wurde jedoch aufgrund seiner Kurzsichtigkeit als nicht »kv.« (kriegsverwendungsfähig) befunden. Man hätte sich ihn auch kaum als Soldaten hoch zu Ross vorstellen können. Vermutlich war bei seiner Entscheidung ohnehin ein sanfter Druck des Elternhauses im Spiel. Denn: sich bei einer berittenen Einheit zu melden, war eine Frage des gesellschaftlichen Prestiges. Nur Vermögende konnten es sich leisten, ihre Söhne zur Kavallerie zu schicken, hatte doch damals noch der Rekrut bzw. dessen Familie für die militärische Ausrüstung, inklusive Pferd und Zaumzeug, aufzukommen.

Diese unausgesprochene Absicht, mit der Uniform zugleich den erreichten Sozialstatus der Familie sichtbar werden zu lassen, verwirklichte sich für Emil Benjamin erst beim Zweitgeborenen. Sein Sohn Georg meldete sich im Herbst zum Militär, ebenfalls bei der Kavallerie, und zwar bei den Brandenburger Kürassieren. Nach seiner Grundausbildung wurde er dann bereits im Dezember 1914 an die Front geschickt. Fast vier Jahre sollte er den Waffenrock tragen, und am Ende hatte er das unschätzbare Glück, wenigstens überlebt zu haben. Denn er stand bei einigen der verlustreichsten Schlachten des Ersten Weltkriegs im Schützengraben, im Osten wie im Westen (an der Somme und vor Verdun). Zweimal verwundet und dekoriert mit dem Eisernen Kreuz brachte es Georg Benjamin dennoch nur zum Vizefeldwebel. Nein, als Jude zum Offizier befördert zu werden, das schafften im Kaiserreich und erst recht nach der erniedrigenden Juden-Zählung von 1916 nur wenige.

Der Kriegsfreiwillige Georg Benjamin

Von Entbehrungen, vor allem vom Hunger, wie ihn Soldaten an der Front und Bürger in der Heimat litten, blieben die Bewohner des Grunewalds, also auch die der Delbrückstraße, weitgehend verschont, wenigstens die Haushaltsvorstände und deren Angehörige. Denn sie verfügten über ausreichende Mittel, um sich auch in Notzeiten alles Lebensnotwendige zu besorgen. Und selbst wenn sie spärlicher zu werden drohten, so wussten sie sich – Emil Benjamins Aktion in der Angelegenheit ›Cichorienfabrik‹ zeigt es anschaulich – neue Geldquellen zu erschließen. Darüber hinaus genossen die Grunewald-Bewohner eine heute kaum mehr vorstellbare Vorzugsbehandlung seitens staatlicher Organe. Dazu gehörte etwa, dass hier der Takt der Postzustellung – schon in Friedenszeiten wurden Briefe viermal am Tage ausgebracht, den Sonntag eingeschlossen – in den Kriegsjahren »sogar noch verstärkt« wurde, »da sich die Bewohner … ihre Lebensmittel vom Land per Eilboten ins Haus schicken ließen.«[229]. Nein, darben mussten diese Privilegierten wahrlich nicht, vermutlich nicht einmal im Steckrübenwinter 1916/17.

Gänzlich unberührt von den unruhigen und unsicheren Nachkriegsjahren, den revolutionären und konterrevolutionären Erhebungen wie beispielsweise dem rechten Kapp-Putsch, 1920, oder des kommunistischen Aufruhrs in Thüringen, 1921, blieb auch der Grunewald nicht. Doch es handelte sich um bloße Episoden, um vereinzelte und isolierte Ereignisse, durch die dieses Viertel doch in den Sog des gesellschaftlichen Umbruchs mit all seinen negativen Begleiterscheinungen hineingezogen wurde. So verübten etwa Unbekannte in der Nacht vom 3. auf den 4. April 1921 ein Handgranaten-Attentat auf die Villa des Fabrikbesitzers Rudolf Schmidt in der Erdener-, Ecke Erbacherstraße. Aus einem »in der Nähe des Tatortes« aufgefundenen »Zettel mit der Aufschrift: *›Max Hölz ist da!‹*«[230] schloss die Polizei, dass Anhänger des Kommunisten Max Hoelz, der sich nach den Märzkämpfen in Sachsen-Anhalt auf der Flucht befand, für den Anschlag verantwortlich zeichneten. Weitere Einzelheiten erfuhr man dann aber nicht mehr aus den Zeitungen, das Ereignis blieb eine bloße Notiz der Lokalseiten. Und da es sich bei dem Opfer um keinen wirklich Prominenten handelte, auch keine Personen zu Schaden gekommen waren, machte das Ereignis keine weiteren Schlagzeilen. Das änderte sich erst mit dem Jahr 1922, als in kurzer Abfolge zwei Attentate rechter Putschisten den Grunewald erschütterten und ihn ins Zentrum öffentlicher Aufmerksamkeit rückten.

Der Wetterbericht sagte für den 24. Juni 1922, einen Sonnabend, Bewölkung mit etwas Regen für Berlin vorher. Dennoch ließ sich der Reichsminister des Auswärtigen (und für den Wiederaufbau), Walther Rathenau, an jenem Morgen im offenen Coupé nach Berlin chauffieren. Von seinem Wohnort, der Privatvilla in der Königsallee, gelangte er jedoch nur bis zur Einmündung der Wallotstraße in die Königsallee. Dort wurde er kurz vor 11 Uhr von rechten Republikfeinden ermordet.

Die Bewohner der Delbrück-/Jagowstraße können die Detonation einer Handgranate und die Schüsse aus einer Maschinenpistole nicht überhört haben, zu nahe lag der Ort des Anschlags an ihrem Zuhause. Abgesehen von der politischen Bedeutung Rathenaus, hätte dieses Attentat vor allem die Benjamins berühren müssen, und zwar aus familiären Gründen. Denn der damalige Außenminister war einer ihrer gar nicht so entfernten Verwandten*. Gleichwohl sucht man in den Schriften beispielsweise Walter Benjamins vergebens nach Äußerungen, die Bezug auf dieses Ereignis nehmen. In seinen Briefen aus jenen Tagen und Wochen ist die Rede von Buch- und Zeitschriften-Projekten, der Mord an Rathenau hingegen findet mit keiner Silbe Erwähnung. Erst mit eineinhalb Jahren Verspätung reagierte er auf ein Ereignis, das die noch junge Republik in ihren Grundfesten erschüttert hatte – freilich auch nur beiläufig und in einem privaten Schreiben. Ihm sei, so heißt es in einem Brief vom November 1923, »die tiefe Notwendigkeit in Rathenaus Tod immer klar gewesen«. Seine Gewissheit leitete er dabei weniger aus Rathenaus Rolle als Politiker ab denn aus der, wie er es formulierte, »gegenwärtigen Judenfrage«. Damals war Benjamin der Meinung, »die beste deutsche Sache« werde preisgegeben, wenn sich ein Jude dafür »*öffentlich*« einsetze. »Alles was von deutsch-jüdischen Beziehungen heute *sichtbar wirkt*«, so seine Überzeugung, tue »dies zum Unheil«. Eine fruchtbare bzw., wie er es nennt: »heilsame Komplizität« zwischen Juden und Deutschen hingegen verpflichte »die edlen Naturen beider Völker heute zur Schweigsamkeit über ihre Verbundenheit«[231].

Dass der Anschlag im Grunewald weniger ein politisches Attentat auf den republikanischen Staat gewesen sei als vielmehr die Ausgeburt einer nach wie vor virulenten, weil ungelösten Judenfrage – mit dieser Sicht der Dinge dürfte Benjamin ziemlich allein dagestanden haben. Auch wenn man die zweifellos starken antisemitischen Motive der Täter und ihrer Kreise nicht unterschätzen will, zeigt doch schon die spontane Reaktion der Bevölkerung, dass man das Ereignis vor allem als einen brutalen Anschlag auf die noch junge »Weimarer« Demokratie verstand. Zehn-, ja vielleicht sogar Hunderttausende pilgerten seinerzeit zum Ort des Geschehens, um damit nicht zuletzt zu manifestieren, dass es politisch kein Zurück in ein autoritäres, gar imperiales Deutschland geben dürfe. Dieser Aspekt bleibt bei Benjamin völlig ausgeblendet, und

* Die Rathenaus waren über die Familien Hirschfeld und Neumann mit den Benjamins verwandt: Johanna Hirschfeld, die Großmutter von Pauline Schoenflies, war eine Cousine ersten Grades vom Tabakfabrikanten Judas Neumann, der mit Julie Rathenau verheiratet war.

das erklärt vielleicht auch, warum er angesichts eines zweiten Attentats im Grunewald, das nicht einmal zwei Wochen später stattfand, völlig sprachlos blieb. Nicht einmal der bloße Name des Publizisten Maximilian Harden, auf den am 3. Juli 1922 ein Mordanschlag in der Wernerstraße 16, seinem Wohnsitz, verübt wurde, fällt in seinen Schriften…

AUS DEM GÄSTEBUCH DER DELBRÜCKSTRASSE

Irgendein Gästebuch der Delbrück-/Jagowstraße, sei es der Besitzer-, sei es der Einlieger-Familien, wird es gewiss gegeben haben. Denn ein solches Dokument, in dem sich die Besucher mit einem mehr oder minder geistreichen Dankeschön für ihre Einladung verewigten, gehörte in damaligen Zeiten einfach in jedes gutbürgerliche Zuhause. Leider aber ist bislang kein einziges überliefert oder öffentlich zugänglich. Gleichwohl lässt sich durchaus eine Gästeliste der Magnussens und der Benjamins erstellen, wenn man deren hinterlassene Schriften auf entsprechende Namen durchforstet.

Der prominenteste Besucher der Villa war zweifelsohne Kaiser Wilhelm II., den Harro Magnussen gleich mehrfach in der Delbrückstraße begrüßen durfte. Er lernte nicht nur die Ateliers der Jagowstraße kennen, sondern wurde vom Hausherrn auch durch die zur Delbrückstraße hin gelegenen Privatgemächer geführt, wobei ihn insbesondere ein »echt friesisches Zimmer … voller Schnitzereien und Messinggerätschaften«[232] beeindruckt zu haben scheint. Mit dem Ableben Magnussens haben sich die Spuren dieser Sammlung leider verloren. Ein weiterer, vermutlich noch häufigerer Gast seines Hauses war der hier bereits erwähnte Architekt Hans Beutner, der in der nahegelegenen Humboldtstraße wohnte. Auch die hier schon zitierte Schriftstellerin Agnes Schöbel gehörte zum Kreis der häufigeren Besucher im Hause Magnussen. Noch Jahre später erinnerte sie sich vor allem an rauschende »Feste«[233], die in der Delbrückstraße gefeiert worden seien. Diesem Kreis Feiernder dürften vor allem Künstlerkollegen Magnussens angehört haben. Schließlich darf man seine Gäste unter Freunden, näheren Bekannten sowie jenen Personen suchen, die ihm Modell standen, wie etwa der der Naturforscher Ernst Haeckel.

Weniger rauschend als kultiviert dürfte es auf den Gesellschaftsabenden zugegangen sein, zu denen Emil Benjamin Geschäftsfreunde und einflussreiche Persönlichkeiten aus Wirtschaft und Finanz in sein Haus lud. Ihre Namen sind uns leider nicht bekannt, aber man hat sie wohl in jenen Kreisen zu suchen, mit denen er beruflich zu tun hatte: mit Aufsichtsräten, Aktionären, Bank- und Versicherungsdirektoren. Wie vornehm es dabei zuging, hat Sohn Walter in seinen Erinnerungen festgehalten. So habe der Hausherr seine Gäste im Frack empfangen, darunter ein »spiegelblankes« Hemd, während seine Ehefrau »an solchen Abenden«[234] die kostbarsten Gerätschaften ihres Haushalts hervorholte: Hummergabeln, Austernmesser, grüne Römer, kurze, scharf geschliffene Portweinkelche, filigrane Sektschalen, Silberschalen für Salz und Pfeffer, makellos weißes Porzellan mit geschmackvoller Kornblumen-Verzierung.

Eine entspanntere Atmosphäre hingegen dürfte bei Verwandtschaftsbesuchen geherrscht haben, zu denen sich die Familien der Schwestern Emil und Pauline Benjamins, die Chodziesners, Crzellitzers, Joseephys und Wissings, mehr oder minder regelmäßig in der Delbrückstraße einfanden. Der Zusammenhalt des »Clans«[235], wie Walter Benjamin ihn nannte, wurde sehr gepflegt. Die Namen all dieser Schwager und Schwägerinnen sind heute fast vergessen, doch zu ihrer Zeit hatten sie Rang und Klang, und das nicht nur in der jüdischen Gesellschaft Berlins.

DER KAISER, DER KAISER

»Der Kaiser, der Kaiser«, so sollen ihm spielende Kinder oft nachgerufen haben, wenn Ludwig Chodziesner »auf dem Velo«[236] durch den Grunewald radelte, dessen Ausläufer sich bis an seine eigene Villa in der Ahornallee erstreckten. Einmal abgesehen davon, dass der Rechtsanwalt und sein Monarch von unterschiedlicher Größe waren, konnte man die beiden in der Tat miteinander verwechseln. Das war sogar der damaligen Regenbogenpresse aufgefallen. Jedenfalls erschien, wofür sich Chod-

Wilhelm II., 1903, und Ludwig Chodziesner in zwei Aufnahmen der Zeitschrift *Berliner Leben*

ziesners Tochter Hilde verbürgt[237], zu Beginn des 20. Jahrhunderts in irgendeiner Illustrierten ein Artikel, der ihre frappierende Ähnlichkeit fotografisch dokumentierte. Diese Veröffentlichung über *Berühmte Doppelgänger* ist bis heute nicht gefunden worden. Es genügt aber, eine x-beliebige Aufnahme Wilhelms II. einem Foto-Porträt Chodziesners an die Seite zu stellen. Es war nicht allein die Barttracht, die die beiden Männer so ähnlich machte, sondern ebenso ihr Gesichtsausdruck, und zwar in dem, was er vom ganzen Habitus ihrer Träger, ihrem Denken, Fühlen und Handeln zu verraten scheint: dieser ebenso stolze wie manch einem Verlierer des rasanten gesellschaftlichen Wandels jener Jahre vielleicht auch aufdringlich erscheinende Ausdruck des ›Es ist erreicht‹ oder auch ›Wir sind (wieder) wer‹.

Etwas erreicht zu haben, ›wer (geworden) zu sein‹, das durfte vor allem Ludwig Chodziesner von sich behaupten. Denn ehe er wirklich prominent wurde, hatte er einen langen und steinigen Weg zurückzulegen. Der nahm seinen Ausgang im fernen Posen, in einer Ortschaft namens Obersitzko (heute das polnische Obrzycko), in der Louis (nachmals Ludwig) Chodziesner 1861 das Licht der Welt erblickte. In alten Ansichtskarten dominieren die Türme der beiden christlichen Kirchen die Silhouette dieses Städtchens, während die um die Mitte des 19. Jahrhunderts erbaute neue Synagoge überhaupt nicht auszumachen ist, weil sie von den umliegenden Gebäuden verdeckt wird. Und doch bildeten hier die Juden nach den Protestanten die zweitstärkste Bevölkerungsgruppe, weit zahlreicher als die der Katholiken. Von den gut 1700 Einwohner der Ortschaft bekannten sich im Jahre 1861 über 570, also ziemlich genau ein Drittel, zur jüdischen Religion[238]. Es war eine orthodoxe Gemeinde, die die Eltern Ludwig Chodziesners, Julius und Johanna, geb. Aschheim, in ihrer ganzen Frömmigkeit prägte. Gleichwohl wollten sie ihre Kinder – fünf wurden es schließlich – auf deren Weg zu wirtschaftlichem Aufstieg und sozialer Anerkennung in der preußisch-deutschen Gesellschaft, was ihre weitgehende Akkulturation und Assimilation voraussetzte, mit keiner strengen Religiosität belasten.

Tiefste Posensche Provinz, das bedeutete für die dort lebenden Juden selbst zu Beginn der 1860er Jahre noch immer weitgehende politische, ökonomische und soziale Benachteiligung: gegenüber den Preußen christlicher Konfession ohnehin, aber auch gegenüber ihren Glaubensgenossen in den altpreußischen Kernlanden. Diese Diskriminierung wurde erst mit dem Gesetz des Norddeutschen Bundes vom 3. Juli 1869 vollständig beseitigt – wenigstens auf dem Papier. Mit dessen einzigem Artikel dekretierte der damalige preußische König und zukünftige deutsche Kaiser Wilhelm I.: »Alle noch bestehenden, aus der Verschiedenheit des religiösen Bekenntnisses hergeleiteten Beschränkungen der bürgerlichen und staatsbürgerlichen Rechte werden hierdurch aufgehoben. Insbesondere soll die Befähigung zur Theilnahme an der Gemeinde- und Landesvertretung und zur Bekleidung öffentlicher Aemter vom religiösen Bekenntniß unabhängig sein.«[239]

Zu diesem Zeitpunkt hatten die Chodziesners Obersitzko freilich längst verlassen, in Richtung des schon in der Provinz Brandenburg gelegenen Woldenberg. Und bei dieser ›Flucht‹ vor der Rückständigkeit Posens spielten in erster Linie wirtschaftliche Überlegungen eine Rolle. Die Restriktionen in Handel und Gewerbe, denen die Juden dort bis 1869 unterlagen und die sie auf wenige Erwerbszweige beschränkten, machten ein Überleben in ihrer Heimat fast unmöglich. »Eine besonders üble Folge« des hohen Anteils jüdischer Einwohner an der Gesamtbevölkerung insbesondere in den Kleinstädten Posens, so heißt es in einem

Standardwerk über die jüdischen Gemeinden jenes Teils des preußischen Reiches, bestand in der »Beeinträchtigung des Handelsertrages, von dem die übermäßig hohe Zahl Handeltreibender nicht leben konnte.«[240] Will sagen: Ludwig Chodziesner stammte also aus einer Familie, die am untersten Ende der damaligen Sozialskala stand. Seine Eltern waren, wie er selbst es in einer späten autobiographischen Rückschau formulierte, »einfache Leute in sehr bescheidenen Vermögensverhältnissen«. Doch »unterschieden« sie sich, wie er sogleich hinzufügte, »in etwas von allen anderen Juden« ihres Ortes, und zwar durch einen unbedingten Aufstiegswillen, den sie auf ihre Kinder projizierten. »Mein Vater«, so fährt Chodziesners Erinnerung fort, »hatte eine lebhafte Phantasie, ein wunderbares Gedächtnis und den Drang nach Wissen. Alles, was ihm zu erreichen unmöglich war, suchte er durch seine Söhne zu erreichen, eine angesehene Lebensstellung durch Lernen, durch Studieren.« Und er war dafür zu größten Opfern bereit: Er »sparte jeden Pfennig, er suchte ein Streichholz zweimal zu brauchen, er rauchte nie, nie sah ihn ein Gasthaus in seinen Räumen«[241]. Und die Söhne, allen voran der Älteste, sollten ihren Vater nicht enttäuschen. Sie alle besuchten eine höhere Schule, legten erfolgreich das Abitur ab, studierten und brachten es als »einzige« unter den jüdischen Familien Woldenbergs, wie Ludwig Chodziesner nicht ohne Stolz unterstreicht, zu einem akademischen Abschluss.

Vor allem zwei Prozesse machten Ludwig Chosziesner berühmt. Im so genannten Kwilecki-Prozess bewahrte er 1903 die polnische Gräfin Isabella Kwilecki vor einer Verurteilung wegen Kindesunterschiebung. Und 1907 verteidigte er ebenso erfolgreich den Fürsten Philipp zu Eulenburg-Hertefeld, einen Intimus des Kaisers, in dessen gerichtlichen Auseinandersetzungen mit dem Publizisten Maximilian Harden. Durch diese und zahlreiche weitere Verfahren, in denen er seine Mandate erfolgreich wahrnahm, stieg Ludwig Chodziesner zu einem der bekanntesten Anwälte Berlins auf, dessen Name in fast keinem Pitaval seiner Zeit fehlte. Postum jedoch ereilte ihn, den die Nazis 1943 in Theresienstadt ermordeten, ein ähnliches Schicksal wie seinen Schwager Emil Benjamin. Heute wird er allenfalls noch als Vater einer berühmten Tochter wahrgenommen: der Schriftstellerin Gertrud Chodziesner, die ihre vielgelesenen Gedichte und Erzählungen unter dem Künstlernamen »(Gertrud) Kolmar« veröffentlichte.

Sie sei eine »ziemlich jugendliche Witwe« gewesen, »sehr huebsch«, anmutig und zart, die ihren »unverkennbarem Koelner Dialekt« auch in Berlin nicht abgelegt hatte. So wird Friederike Benjamin, Emil Benjamins einzige Schwester, in den Erinnerungen eines Verwandten beschrieben, der einst im selben Haus wohnte wie sie. Freilich sei sie auch »etwas blaustrümpfig« gewesen, denn »sie interessierte sich für Nietzsche, dessen Schriften damals noch neu waren«, was »ihr als Ueberspanntheit angerechnet« wurde. Dass der hier zitierte Journalist Curt Rosenberg das Wort von der Blaustrümpfigkeit nicht, wie gemeinhin üblich, abwertend meinte, ergibt sich aus den folgenden Bemerkungen: Er habe »im Josephy'schen Hause« mit seiner »sehr anregenden Geselligkeit« und den vielen jungen Gästen, »die geistig etwas zu bieten hatten ... viele angenehme Abende verbracht.«[242]

Friederike_Benjamin

Friederike Benjamin wird von dieser Atmosphäre einiges bei ihren Besuchen im Grunewald mitgebracht und damit dem Haus ihres Bruders das Fluidum von Kultur und Intellektualität eingehaucht haben. Ihre aufmerksameren Zuhörer dürfte sie dabei vor allem in der jüngeren Generation, ihren Nichten und Neffen, gefunden haben: etwa bei Gertrud Kolmar oder auch Walter Benjamin, der sie zärtlich »Tante Rieckchen«[243] nannte. Die dürften gespannt ihren Erzählungen über die engen Freundinnen Else Lasker-Schüler, Lily Braun und Doris Davidsohn (der Mutter des expressionistischen Dichters Jakob van Hoddis) gelauscht haben, oder auch denen über Jules Crépieux-Jamin, bei dem Friederike Benjamin einst Graphologie studiert hatte.

Sie wurde übrigens nicht, wie gelegentlich behauptet, als blutjun-

Urlaub im Riesengebirge vor 1914: Clara und William Stern (stehend), Unbekannt (Mitte knieend), dann von links nach rechts Dora Benjamin, Eva Stern, Unbekannt, Günther und Hilde Stern

ge Frau verehelicht[244], sondern vermählte sich im für damalige Zeiten besten Alter von zwanzig Jahren. Es war eine sehr vermögende Familie, in die sie einheiratete. Ihr Gatte, Julius Joseephy, war der Sohn eines mecklenburgischen Gutsbesitzers und Getreidegroßhändlers. Zum Zeitpunkt seiner Vermählung war er bereits Teilhaber des bekannten Berliner Bankhauses Edinger & Joseephy, Unter den Linden, später dessen Alleininhaber. Friederike Benjamin gebar ihrem Ehemann, der mit nur 48 Jahren an der Syphilis starb, sieben Kinder, von denen sechs das Erwachsenenalter erreichten. Die bekannteste unter den Geschwistern wurde Clara Joseephy, die 1899 den damaligen Breslauer Privatdozenten William Stern ehelichte. Mit ihm gemeinsam veröffentlichte sie mehrere und vielfach neu aufgelegte Standardwerke zur Kinderpsychologie[245], in denen bisweilen auch der eine und andere Sprößling aus der Großfamilie Benjamin-Schoenflies, in freilich verschlüsselter Form, auftaucht. Im Übrigen gehörte William Stern, der, nebenbei bemerkt, die ersten wissenschaftlichen Tests zur Messung des Intelligenz-Quotienten entwickelte, zu Walter Benjamins Gegenspielern in der damaligen Hochschulpolitik. Dass das Ehepaar Stern ebenfalls zu den Besuchern der Benjaminschen Grunewald-Villa gehörte, lässt sich nur vermuten, ebenso, dass es dabei die Kinder Hilde, Günther und Eva mitbrachte, die sich in ihrem Leben ebenfalls einen Namen machten: vor allem Günther, der sich später Anders nannte, verheiratet war mit Hannah Arendt und vor allem in ihrer gemeinsamen Exilzeit enge Kontakte zu Walter Benjamin unterhielt.

REGIERUNGS-BAUMEISTER A. D. FRITZ CRZELLITZER

Hätte nicht sein Cousin, der Augenarzt, Ahnenforscher und Herausgeber einer zwischen 1924 und 1938 erschienenen Zeitschrift für *Jüdische Familien-Forschung*, Arthur Czellitzer, eine umfangreiche, als Ganzes bislang unveröffentlichte Geschichte seiner Familie hinterlassen[246], so wüsste man heute wohl kaum, dass das ehemalige Geschäftshaus in der Wallstraße 76-79 sowie einige andere, erhalten gebliebene Gebäude von dem Architekten Fritz Crzellitzer* entworfen wurden.

Er kam 1876 in Berlin zur Welt. Sein Start ins Leben fand unter besten Voraussetzungen statt, stammte er doch aus einer überaus wohlhabenden Familie, die ursprünglich in der schlesischen Hauptstadt Breslau beheimatet war. Sein Vater Emil Crzellitzer hatte es als Börsenmakler in der Spreemetropole sogar »zum Millionär«[247] gebracht. Als sich in den 1870er Jahren der Reichskanzler Bismarck anschickte, »die Eisenbahnen« zu »verstaatlichen … und zu diesem Zweck möglichst viele Eisenbahn-Aktien unter der Hand aufkaufen« ließ, gehörte der »selbstbewußte und energische«, mit »scharfem Verstand« und »rascher Fassungsgabe« ausgestattete Geschäftsmann »zu den wenigen geheimen Beauftragten der Preußischen Regierung«, die mit dieser Aufgabe be-

* Es gibt insgesamt vier *amtlich abgesegnete* Varianten dieses Familiennamens: Chrzelitzer, Crzellitzer, Czellitzer und Schellitzer.

traut wurden. Er habe sie nicht nur zur vollsten »Zufriedenheit der Minister« erfüllt, sondern mit ebenso »großem Nutzen für sich« selbst und so den Grundstein seines ansehnlichen »Reichtums und seiner hochangesehenen Stellung« in der Hauptstadt gelegt. Emil Crzellitzer wohnte im vornehmen Berliner Westen: zunächst in der Sigismundstraße – »eine Etage tiefer als« der hier bereits erwähnte Ratgeber Wilhelms II. in Sachen Kunst »Adolph Menzel«[248] –, dann in der Matthäikirchstraße, wo er sich eine repräsentative Villa hatte erbauen lassen.

Obwohl »schon als Schüler hochbegabt sowohl für Musik wie für Malerei«, wurde Fritz Crzellitzer weder Musiker noch bildender Künstler, sondern ergriff einen ›praktischen‹ Beruf. Entscheidend soll dabei das »Machtwort seines Vaters« gewesen sein: »›Wenn Du später einmal eine Kunst zu Deinem Vergnügen betreiben willst, so ist das sehr schön. Aber von der Kunst leben ist ein saures und meist auch karges Brot!‹« Also immatrikulierte er sich 1894 an der Technischen Hochschule Charlottenburg als Student des Fachs Hochbau und wurde schließlich »ein sehr tüchtiger Baumeister«[249]. Nach Aussage seines Cousins leistete Fritz Crzellitzer noch in späteren Jahren durchaus Beachtliches als Klavierspieler und Komponist, Maler und Bildhauer. Gleichwohl aber scheint er im Architektenberuf seine eigentliche Berufung gefunden zu haben. Der Architekturhistoriker und ehemalige Vorsitzende des »Deutschen Werkbundes«, Julius Posener, für dessen Vater Crzellitzer gleich zwei Villen entworfen hatte[250], ordnete ihn im Rückblick als »modernen Architekten, sagen wir einmal … der Schule Muthesius'«, ein und meinte, er sei »selbst ein Mann des modernen Lebens«[251] gewesen.

Von Fritz Crzellitzer, der am Anfang seiner beruflichen Karriere im Staatsdienst, und zwar als »Regierungs-Baumeister« in Zehlendorf tätig war, ehe er sich 1905 als Architekt selbständig machte, stammen die Entwürfe zu einer ganzen Reihe bekannter und teils noch heute erhaltener Bauten, von denen einige mittlerweile unter Denkmalschutz stehen. In Berlin sind es vor allem Wohnhäuser, die von seinen nüchternsachlichen, jedem ›Berliner Protz‹ abholden Entwürfen zeugen: neben der 1909 erbauten Villa Posener in der Carlstraße etwa sein einst eigenes Domizil in der Stubenrauchstraße 9. Für Landsberg an der Warthe, Heimatstadt der Familie Schoenflies, entwarf er u. a. zwei heute noch heute existierende Gebäude: das 1913/14 entstandene Volkswohlfahrtshaus

Villa Stubenrauchstraße 9 in Berlin-Zehlendorf, Architekt: Fritz Crzellitzer

und das 1928 bis 1930 errichtete Volksbad. Möglich, dass Crzellitzer die Aufträge dazu verwandtschaftlichen Beziehungen in der Warthe-Stadt verdankte, war er doch mit der Tochter von Georg Schoenflies, Martha, verheiratet. Mit seiner Gattin, die ebenfalls »hochmusikalisch« war und »eigentlich … Opernsängerin«[252] hatte werden wollen, teilte Fritz Crzellitzer seine Leidenschaft für die Künste, die das Ehepaar offenbar auch ihren drei Kinder vererbte.

Über ihre enge Verwandtschaft hinaus verbanden Emil Benjamin und Fritz Crzellitzer auch geschäftliche Interessen. So im Falle der »Wallstraßen-Grundgesellschaft mit beschränkter Haftung«, die die beiden zusammen mit einem dritten Verwandten, dem Rechtsanwalt Eduard Meyerstein, der mit einer Tochter von Friederike Benjamin, Elsa Joseephy, verheiratet war, im Januar 1912 gründeten. Zweck dieser GmbH bzw. »Gegenstand des Unternehmens« sei, so heißt es in einem amtlichen Eintrag, der »Erwerb und die Verwertung von Grundstücken in Groß Berlin, insbesondere« aber »der Grundstücke Berlin Wallstraße 77, Neu-Kölln am Wasser Nr. 2, Wallstraße 78/79«253. Emil Benjamin wurde Geschäftsführer, und Fritz Crzellitzer entwarf die Pläne für die Neugestaltung des Areals.

Das von Fritz Crzellitzer entworfenen Geschäftshaus in der Wallstraße 76-79, die heutige Australische Botschaft

Mit diesen Entwürfen lieferte er eines seiner architektonischen Meisterwerke ab, auf das sogar die renommierte *Berliner Architekturwelt* aufmerksam wurde[254]. Das in seiner Substanz weitgehend erhaltene Gebäude zählt heute zu den herausragenden Beispielen einer Berliner Geschäftsbau-Architektur zu Beginn des 20. Jahrhunderts. Die imposante, leicht abknikkende Front des fünfgeschossigen Stahlbeton-Baus, präge, so heißt es, »markant den Straßenraum«, und durch seine ursprüngliche, reiche Fassadendekoration – Reliefs, Majolikafliesen, patinierte Messingplatten und Lünetten mit antikisierenden allegorischen Motiven – erreiche er sogar »eine hohe künstlerische Gestaltungskraft«[255]. Nicht alle dieser herausragenden Charakteristika haben die wechselvolle Geschichte des Ortes überstanden. Zwar blieb das Gebäude von den Verwüstungen des zweiten Weltkriegs weitgehend verschont, doch es nagte der Zahn der Zeit an ihm. Nachdem es im Anschluß an den Zweiten Weltkrieg kurzfristig Sitz des Zentralkomittees der KPD war und dann lange Jahre den renommierten Dietz-Verlag beherbergte, mußte es in den 1990er Jahre grundlegend saniert werden. Heute ist darin die Australische Botschaft untergebracht.

ES IST ZUM KATHOLISCHWERDEN

Wenn der Nervenarzt Alexander Wissing seinen Schwager Emil Benjamin in dessen Grunewald-Villa besuchte, hatte er es nicht weit. Er wohnte ganz in der Nähe, in der Villa Roseneck, Hagenstraße 79. Er dürfte seinen Verwandten viel zu erzählen gehabt haben, von all seinen Lebensstationen, die er hinter sich hatte, ehe er hier sesshaft wurde. Geboren im litauischen Kowno noch unter dem Namen Alexander Wiszwianski (den er 1922 offiziell in Wissing ändern ließ), verbrachte er seine Jugend in Königsberg. Erst als junger Mann gelangte er nach Berlin. Doch es war nur ein vorübergehender Aufenthalt, denn die anschließenden Jahre verbrachte er als Student der Medizin in Zürich und Würzburg, wo er 1889 promoviert wurde. Später leitete er als »dirigirender Arzt«[256] Sanatorien in Birkenwerder bei Berlin, Rothenburg ob der Tauber und in München. 1908 kehrte er in die Hauptstadt zurück und eröffnete eine Praxis in Charlottenburg, wohnte aber, wenigstens ab 1914, im Grunewald. Nach über 25 Jahren freiberuflicher Tätigkeit zum Sanitätsrat ernannt, avancierte er schließlich zum Stellvertreter, ab 1923 zum Leiter der Charité-Poliklinik für Nervenmassage, der er bis in die NS-Zeit hinein vorstand. Mit den braunen Machthabern begannen für ihn, einen mittlerweile Hochbetagten, dann erneut die Wanderjahre. 1938 emigrierte er mit seiner Ehefrau, Clara Schoenflies, nach Brasilien, wo er wenige Monate nach seiner Ankunft in São Paulo einem Schlaganfall erlegen war. Sein Neffe Walter Benjamin hat in einem seiner nicht allzu zahlreichen Schreiben, in denen er überhaupt einmal auf enge Verwandte ausführlicher zu sprechen kommt, Wissings vorletzte Lebensstation mit diesen Worten festgehalten: »Wissings kamen auf der Auswanderung nach Brasilien durch Paris … Man hätte meinen sollen, sie hätten das Schlimmste hinter sich gehabt. In Wirklichkeit warteten hier noch die größten Schwierigkeiten auf sie, weil sie Deutschland ohne das brasilianische Visum verlassen hatten, das man dort einfach nicht bekommen kann. Zuguterletzt mußten sie noch katholisch werden. Die Redensart ›es ist zum Katholischwerden‹ stammt aus dem Mittelalter; und soweit sind wir nun glücklich wieder.«[257]

Dora Sophie Kellner mit Sohn Stefan Benjamin, Februar 1921.
Foto: Atelier Leonhard, Berlin-Halensee

Im März 1920 kehrte Walter Benjamin in die Delbrückstraße 23 zurück. Seine letzten Jahre hatte er in Bern verbracht, wo er 1919 mit einer Arbeit über die deutsche Romantik promoviert wurde. Mit seiner Ehefrau Dora Sophie Kellner, die er 1917 im Grunewald geheiratet hatte, und dem 1918 in der Schweiz geborenen Sohn Stefan bezog er eine Wohnung im Haupthaus mit Ausblick auch auf die Jagowstraße. Es war keine freiwillige Rückkehr ins elterliche Zuhause. Vielmehr hatte er nur einer »kategorischen Vorschrift« seines Vaters Folge geleistet. Emil Benjamin hatte sie angeblich damit begründet, dass seine »schlechten Vermögensverhältnisse« es nicht gestatteten, der jungen Familie ein Domizil »außerhalb des Hauses« zu finanzieren. Seinem Sohn, der die Heimkehr nach Berlin immer wieder hinausgezögert hatte, schwante bei dieser väterlichen Anordnung nichts Gutes. Das erneute Zusammenleben würde, so erwartete er in Anbetracht heftiger Zwistigkeiten der Vergangenheit, »nicht heiter«[258] werden.

Heftige Auseinandersetzungen zwischen Emil Benjamin und seinem Sohn hatte es schon in dessen Gymnasialjahren gegeben, als sich Walter Benjamin in der Jugendbewegung engagierte und ein glühender Anhänger des damals berühmten und umstrittenen Schulreformers Gustav

Wyneken wurde (der übrigens auch einmal, 1913, Gast im Hause Benjamin war). Im Rückblick nehmen sich ihre Konflikte aus, als hätten sie Pate für das eine oder andere expressionistische Theaterstück gestanden: hier der unverstandene, aufbegehrende Junior, dort der patriarchalische Senior mit all seinen durch den gesellschaftlichen Wandel längst obsolet gewordenen Werten. Diesen Eindruck soll wohl auch eine kleine Aufzeichnung Walter Benjamins erwecken, die noch in der Schweiz entstand. »Die Verwandtschaft als ein Prinzip der Analogie zu betrachten«, sei, so heißt es in diesem Versuch, das gestörte Verhältnis der beiden gewissermaßen philosophisch zu fassen, »das eigentümliche einer modernen Auffassung der Autorität und der Familienzusammengehörigkeit.« Sie erwarte, »Analogie bei verwandten Menschen zu finden« und betrachte »Angleichung als ein Ziel der Erziehung, auf welches hinzuwirken Sache der Autorität sei. Wahre Autorität« aber gründe nicht auf der Durchsetzung von »Analogien des Betragens, der Berufswahl, des Gehorchens«.[259]

Blickt man dann freilich in Walter Benjamins privateste Papiere, seine Briefe – ähnliche Dokumente aus dieser Zeit sind von Emil Benjamin leider nicht überliefert –, wird rasch klar, dass es in ihrem Streit allenfalls am Rande um Benehmen, Berufswahl und familiäre Hierarchien ging. Das Geld war's, um das die beiden heftig stritten, oder besser gesagt: das der Sohn beim Vater einklagte. Seine diesbezüglichen Kommentare Dritten gegenüber überschreiten dabei häufig die Grenzen bloß sprachlicher Entgleisungen. Seine Eltern seien »alle und auch die primitivsten Maximen bürgerlichen Anstands« abhanden gekommen. Er fühle sich von ihnen in »unerhörter« Weise behandelt. Sie würden sich in »bösartiger Leichtfertigkeit ... die Frage« seiner »materiellen Zukunft vom Leibe ... halten«. Sie seien starrsinnig, intransigent, senil sowie von »schrankenloser Eifersucht« seiner Gattin gegenüber, von »ausgesprochner Kleinlichkeit und Herrschsucht« und wollten ihn, den Sohn, mit »Almosen«[260] abspeisen. Das sind nur ein paar Beispiele aus einem Fundus schwerster Vorwürfe, die Walter Benjamin erhebt. Unerwähnt lässt er freilich, worum es eigentlich ging: Emil Benjamin wollte lediglich, dass sein fast dreißigjähriger, verheirateter Sohn, der selbst schon Vater war, nach fast acht Jahren Studium endlich sein Schicksal in die eigenen Hände nehme, sprich: sich seinen Lebensunterhalt selbst verdiene. Deshalb drängte er ihn, einen handfesten Beruf zu ergreifen und Kaufmann, Bankangestellter oder Antiquar zu werden. Ja, Emil Benjamin scheint sich nicht einmal gegen eine akademische Karriere seines Sohnes gesperrt zu haben. Nur war er nicht gewillt, die Jahre bis zur Habilitation allein zu finanzieren, zumal angesichts von dessen ziemlich maßlosen finanziellen Erwartungen. Walter Benjamin hingegen hielt es für ein Problem seiner Eltern, »für meinen Erwerb tätig zu sein«[261]! Und »ein monatliches Almosen von 8000 M mit dem wir uns der unerträglichsten Belästigung und Überwachung hätten aussetzen müssen«[262], war für ihn auch völlig unannehmbar. 8000 Mark *monatlich*, das war, selbst wenn man die damalige Inflation – die Bemerkung stammt aus einem Brief von 1922 – in Rechnung stellt, eine ganz erhebliche Summe, der im Vorjahr fast noch das *jährliche* Durchschnittseinkommen in Deutschland entsprochen hätte.

In welchen Größenordnungen sich überhaupt Benjamins Erwartungen bewegten, mag eine einzige Briefpassage veranschaulichen. Als er schon nach wenigen Wochen das elterliche Haus wieder verließ, war es ein vergoldeter, im Übrigen ohnehin nur vorübergehender Abschied, den er so kommentierte: »Ich bin mit einer Voranzahlung von 30.000 M von meinem Erbteil, weiteren 10.000 M und ohne ein einziges Möbelstück aus dem Hause entlassen, d. h. ich habe es verlassen, ohne daß man mich herausgeworfen hätte.«[263] Für eine derartige Summe hätten zum damaligen Zeitpunkt Angestellte etwa fünf Jahre arbeiten müssen. Und dass er generell *für sich* eine »bürgerliche Tätigkeit«[264] überhaupt nicht in Betracht zog, belegt ein anderes Beispiel. Als er sich in die »strickte [sic!] Notwendigkeit versetzt« sah, seinen Lebensunterhalt selbst »zu verdienen«, bemerkte er dazu: »Da ich dies ohne meine« – wissenschaftliche – »Arbeit aufzugeben vorläufig nicht in nennenswerter Weise tun kann, fällt auf Doras Schultern *und damit auf meine Brust ein ungeheures Gewicht.*«[265]

Beider Streit wurde bis zum Tod des Vaters, 1926, nie wirklich beigelegt. Doch zumindest schlug man mildere Töne an. Offenbar hatten sich alle Beteiligten auch mit Rücksicht auf die äußerst angeschlagene Gesundheit Emil Benjamins arrangiert. Nachdem Walter Benjamin auf erste bemerkenswerte Veröffentlichungen verweisen konnte – auf seine Baudelaire-Übersetzungen sowie auf den *Wahlverwandtschaften*-Essay,

Walter Benjamin, um 1932

mit dem er den österreichischen Schriftsteller Hugo von Hofmannsthal schwer beeindruckte –, setzten ihm die Eltern daraufhin sogar eine »Jahresrente« aus, freilich eine, wie er gleich hinzusetzte, »ganz schmale«, mit der seine »Existenz auf keine Weise auf die Füße gestellt«[266] werde.

Hugo von Hofmannsthal, der Benjamins Goethe-Arbeit in seinen *Neuen Deutschen Beiträgen* veröffentlicht hatte, gehörte auch zu den – sogar mehrfachen – Besuchern in der Delbrückstraße[267]. Möglicherweise hat er bei diesen Aufenthalten auch die Kochkünste der Gattin kennengelernt, die zu den weniger bekannten Seiten Dora Sophie Kellners gehörten und aus denen sie in späteren Jahren sogar beruflichen Profit ziehen konnte: in den Jahren ihrer journalistischen Tätigkeit durch die Publikation Dutzender Back- und Kochrezepte in Organen des Ullstein-Verlags (*Die Dame* und *Tempo*), ihres damaligen Arbeitgebers, sowie in den Exiljahren, in denen sie sich zunächst als Köchin verdingte.

Während der renommierte österreichische Autor Hugo von Hofmannsthal großen Eindruck bei den Eltern Benjamins hinterließ, dürften sie die jüngeren Gäste ihres Sohnes bzw. ihrer Schwiegertochter kaum dem Namen nach gekannt haben. Allenfalls Franz Hessel mag ihnen noch etwas gesagt haben, vermutlich jedoch weniger als Schriftsteller denn als Sohn eines Bankiers. Aber Siegfried Kracauer oder Walter Petry? Sind ihnen je Artikel der Redakteure der *Frankfurter Zeitung* bzw. der *Magdeburgischen Zeitung* unter die Augen gekommen? Oder Otto Klemperer? Haben sie je die Gelegenheit ergriffen, einem Konzert des Dirigenten beizuwohnen? Gar László Moholy-Nagy? Kaum anzunehmen, dass sie Werke dieses Malers und Fotografen kannten. Zusammen mit einigen Freunden Benjamins aus früheren Jahren – Gershom Scholem, Werner Kraft sowie dem Rundfunkredakteur Ernst Schoen – waren das die neuen Gäste, die gewissermaßen frischen Wind in die Delbrückstraße brachten und den Ort zu einem Treffpunkt bemerkenswerter Intellektueller jener Zeit machten. Über ihre Feiern und Gespräche ist nur das Wenige bekannt, was Franz Hessel in einigen Tagebuch-Einträgen des Jahres 1929 festgehalten hat: »Bei Benjamin erst allein. Dann hinzu [Bernhard] Reich, Asja [Lācis], Kracauer. Der langhalsige Reich futtert gleich mit Ostentation los von Brötchen und was es gibt. Kracauer fragt mich nach dem großen Schwabing aus … Frau Asja … lagert abseits. Und Benjamin, auf dem Sofa, lauert stumm und etwas reptilig gekrümmt. Kracauer bemerkt und betont die drückende Atmosphäre. Seltsam dann, wie … Asja … tanzt«[268]. Und dann noch einmal: »Abends bei Benjamin Kunstdisput zwischen gewaltig raumverdrängendem, herumdisponierenden Klemperer und schmal spitzem Moholy. Dazu draußen Wetterleuchten mit etwas zu wenig Regen.«[269] Vielen von ihnen blieb die beeindruckende Bibliothek Walter Benjamins im Gedächtnis. Gershom Scholem bezeichnete das Arbeitszimmer, in dem sie untergebracht war, als eine typische »Philosophenklause« mit »Büchern in genügender Zahl«[270]. Die Ärztin und Sexualwissenschaftlerin Charlotte Wolff, die sogar wochenlanger Gast bei den Benjamins war, erinnerte ein Zimmer mit »einem langen«, vor Manuskripten überbordenden »Eichentisch«, dessen »Wände … hinter Bücherregalen, die vom Boden bis zur Decke reichten«[271], verschwanden.

Dora Sophie Kellner, 1930.
Foto: Atelier Steffi Brandl, Berlin

Joseph Hergesheimer verdanken wir eine der ganz wenigen ausführlichen Beschreibungen eines Gesellschaftsabends in der Delbrückstraße 23. Er war im Juli 1931 Gast bei seiner deutschen Übersetzerin, Dora Sophie Kellner, im Grunewald[272]. In der Reportage seiner Deutschlandreise, die er ein Jahr später in New York veröffentlichte, rief er sich diese »Party« mit vielen Einzelheiten in Erinnerung und ließ seine Leser wissen, wer damals zu den Eingeladenen zählte, wie diese Personen auf ihn gewirkt hatten, was dort gegessen und getrunken wurde, welche Atmosphäre herrschte und worum sich einige der Gespräche an diesem Abend drehten.

Es war eine bunte Mischung von Gästen. Künstler, Philosophen, Wissenschaftler und Verleger gehörten zu ihnen: Ernst Rowohlt, der deutsche Verleger von Hergesheimer (wie einst auch Walter Benjamins[273]), mit seiner zweiten Ehefrau Hilda Pangust, ein Maler namens Kurt Fiedler, der promovierte Kunsthistoriker, Verleger und spätere Gründer der weltberühmten Literaturagentur *Mohrbooks* Lothar Mohrenwitz[274] mit Gattin, einige Kollegen Dora Sophie Kellners aus dem Ullstein-Verlag mit weiblicher Begleitung (unter ihnen eine sehr modebewusste »young German masculinity« mit »formal pretty manners«[275]) sowie nicht zuletzt die spätere Italienisch-Lehrerin der Gastgeberin, »Frau Ceconi«, d. i. Lucie Anna, geb. Oberwarth, mit ihren beiden erwachsenen Töchtern Suzanne Aimée Cassirer und Marianne Ceconi. Wie es sich gehörte, präsentierten sich die Männer bei ihrem Eintreffen im Grunewald mit einem Blumenstrauß, eine Sitte, die Hergesheimer weder kannte noch behagte. Nach der Vorstellung aß man, tanzte man, führte hochintellektuelle Gespräche und genoss die vom Ehrengast gemixten Cocktails, ein Hergesheimer zufolge auf deutschen Gesellschaftsabenden noch unbekanntes oder zumindest selten kredenztes Getränk.

Am meisten beeindruckte den amerikanischen Schriftsteller Suzanne Aimée Cassirer, die Tochter aus Lucie Ceconis erster Ehe mit dem Verleger und Kunsthändler Paul Cassirer. Sie führten anregende philosophische Gespräche miteinander, in denen sie sich an ihren diametral entgegengesetzten Ansichten abarbeiteten: »she was … a doctor of philosophy … and disagreed strongly with my opinion of her special interest. Philosophy, I insisted, was nothing more than the current dogmas of bearded old men.« Doch mehr noch faszinierte ihn ihre bezaubernde äußere Erscheinung: »She was very attractive, beautifully dressed, and her education and opinions, together with her good looks, gave me a great deal of uncommon pleasure. There were no charming doctors of philosophy in French clothes, little satin slippers, in Pennsylvania.«[276] Suzanne Aimée Cassirer, die kurz vor ihrer Scheidung von dem Philosophen Hans Paret stand, heiratete nach ihrer Emigration den sowohl Dora Sophie Kellner als auch Walter Benjamin aus jugendbewegten Vorkriegszeiten wohlbekannten Psychoanalytiker und Publizisten Siegfried Bernfeld. Einen gewissen Namen machte sie sich als Psychotherapeutin und Sigmund Freud-Biographin[277].

Für bemerkenswert hielt Hergesheimer schließlich noch eine Episode, die die Planung dieser Feier betraf. Hinsichtlich ihres Arrangements hatte sich Dora Sophie Kellner mit ihm an einem der Vorabende zusammengesetzt. Doch offenbar nur aus Höflichkeit. Denn im Grunde hatte sie längst genaue Vorstellungen über das Wie dieses Ereignisses, über seinen Rahmen, die Speisefolge und die Getränke. Schlug Hergesheimer vor, ein kleines Orchester für die Musik zu engagieren, erfuhr er sogleich den Widerspruch der Gastgeberin. So etwas sei mittlerweile nicht mehr üblich, »that was not done, now, in German houses«. Im Übrigen könnte es als unangebrachte Großtuerei ausgelegt werden: »she thought it would appear ostentatious. What, above everything else, the present Berlin wanted to avoid was any shade of ostentations.«[278] Auch Hergesheimers Vorschläge zu Speisen und Getränken stießen bei seiner Freundin auf taube Ohren. Sie fand sie einfach nur unangemessen: »what I had suggested to eat was … entirely inadequate. There must, she proceeded, be three or four light courses served at different times through the evening; wine to drink, Bowle and perhaps beer, tea and coffee; sandwiches with the Bowle, little cakes with the wine and tea, ices, with the coffee.«[279]

Der Hinweis Dora Sophie Kellners darauf, dass alle Protzerei zu unterlassen sei, nimmt sich wie ein Reflex auf die politische Situation des Jahres 1931 aus, in der die deutschen Juden fast täglichen Anfeindungen und Übergriffen ausgesetzt waren, selbst im fernen Grunewald. Im Übrigen war, nachdem die Auswirkungen der Weltwirtschaftskrise Deutschland längst erreicht hatten, auch ihre damalige finanzielle Situation angespannt. Die Durchschnittseinkommen in Deutschland sanken in dieser Zeit rapide, wovon auch sie als Angestellte des Ullstein-Verlags betroffen war. Darüber hinaus aber erhielt sie auch von ihrem Ex-Gatten Walter Benjamin, von dem sie 1930 geschieden wurde, keine oder nur sehr unregelmäßige Zuwendungen für sich und den gemeinsamen Sohn Stefan. Ihre juristisch vollzogene Trennung führte schließlich zu einem weiteren Besitzwechsel der Villa im Grunewald.

DURCH SCHEIDUNG ZUM VILLENBESITZ

Schon unmittelbar nach dem Tod ihrer Mutter (1930) schickten sich die Geschwister Dora, Georg und Walter Benjamin an, ihren Besitz in der Delbrückstraße 23 zu verkaufen. Doch sei es, dass sie ihren Bemühungen nicht den nötigen Nachdruck verliehen, sei es, dass es im ersten Jahr der Weltwirtschaftskrise einfach »nicht leicht«[280] war, ein so großes Anwesen im vornehmen Grunewald zu veräußern – die Villa blieb vorläufig in ihrem Besitz, und zwar »in ungeteilter Erbengemeinschaft«. Das blieb so bis 1932. Dann, im Februar des Jahres, beantragte ihre Schwägerin beim Amtsgericht Charlottenburg die Zwangsversteigerung der Immobilie. Warum ausgerechnet Dora Sophie Kellner? Und was bot ihr die Handhabe dazu?

Walter Benjamin hatte der Wienerin Dora Sophie Kellner, geschiedener Pollak, am 17. April 1917 im Standesamt Berlin-Grunewald das Jawort gegeben. Da die Braut erhebliche Geld- und Sachwerte in die Ehe einbrachte, wurde am Vortag ihrer Vermählung ein Ehevertrag aufgesetzt. Mit diesem in der Kanzlei des renommierten Berliner Notars Hermann Oberneck unterzeichneten Dokument vereinbarten die Brautleute »Gütertrennung unter Ausschliessung der Verwaltung und Nutzniessung des Mannes an dem Vermögen der Frau«[281]. Darüber hinaus ließ sich die zukünftige Frau Benjamin ihre Mitgift – 60 000 Kronen in bar (die seinerzeit 36 000 Reichsmark entsprachen) sowie Möbel, Wäsche, Geschirr und Bücher (u. a.), deren Wert mit 10 000 Mark beziffert wurde – durch eine so genannte Widerlage absichern: Für den Fall, dass die Ehe durch ein Verschulden des Bräutigams geschieden würde, hätte er einen Gesamtbetrag von 40 000 RM erstatten und der Gattin monatliche Alimente in Höhe von 300 Mark zahlen müssen.

Die Ehe der Benjamins hielt nur wenige Jahre, dann gingen die Partner eigene Wege, ohne dass sie sich deshalb jedoch juristisch voneinander trennten. Dieser Fall trat erst 1930 ein, als Walter Benjamin die Scheidung einreichte, um seine damalige Geliebte, die russische Schauspielerin und Regisseurin Asja Lācis, zu heiraten. Was folgte, war ein Rosenkrieg – mit einem unerwarteten Ausgang, wenigstens für den Kläger. Denn die Richter des Berliner Landgerichts III wiesen seine Klage ab und gaben stattdessen der »Widerklage« Dora Sophie Kellners statt: »Der Kläger trägt die Schuld an der Scheidung«[282], lautete ihr trocken resümierendes Urteil. Und dieser Schuldspruch sollte nicht nur Walter Benjamin, sondern auch seinen engsten Familienangehörigen teuer zu stehen kommen.

Benjamin konnte den finanziellen Verpflichtungen, wie sie sich aus dem 1917 geschlossenen Ehevertrag ergaben, 1930 nicht nachkommen. Und um einen öffentlichen Gesichtsverlust der gesamten Familie zu vermeiden, schloss er mit seiner nunmehrigen Ex-Gattin einen Vergleich, dessen Bedingungen ihm zweifelsohne von Dora Sophie Kellner diktiert wurden. Besiegelt wurde dieser Akt am 19. Juli 1930 vor dem Berliner Notar Ludwig Freundlich. Mit diesem Vergleich erkannte Benjamin vorbehaltlos an, dass er seiner »geschiedenen Ehefrau … zur Abgeltung aller Ansprüche aus dem Ehevertrage … insbesondere auch zur Abgeltung ihrer gesetzlichen und vertraglichen Unterhaltungsansprüche für Vergangenheit und Zukunft, eine Abfindungssumme von 40.000 (vierzigtausend) Reichsmark« schulde. Diese Summe werde zwar »einstweilen gestundet«, sei aber »mit jährlich sechs Prozent … zu verzinsen und ein Jahr nach dem Tode der Witwe Paula Benjamin … spätestens aber am 27. Juni 1933 ohne Kündigung fällig.«[283] Und zur Absicherung dieser Forderung wurde im Grundbuch eine Hypothek zugunsten Dora Sophie Kellners auf den Benjamin-Besitz im Grunewald eingetragen. Für die Einhaltung der Vertragsbedingungen hafteten zudem neben Walter Benjamin auch seine Geschwister Dora und Georg sowie seine damals noch lebende Mutter, die das Dokument als Bürgen mitunterschrieben. Und zu guter Letzt unterwarfen sich die vier Benjamins etwaigen Zwangsmaßnahmen, wie sie die nunmehr ehemalige Gattin, Schwägerin und Schwiegertochter für den Fall ergreifen konnte, dass eine Klausel des Vertrags nicht eingehalten werden sollte.

Zu einer solchen Sanktion griff Dora Sophie Kellner dann kaum zwei Jahre nach dieser Vereinbarung, indem sie beim Amtsgericht Charlottenburg die Zwangsversteigerung der Grunewald-Immobilie beantragte, die kaum einen Monat darauf auch angeordnet wurde. Allem Anschein nach hatte ihr Ex-Gatte bis dahin keine ernsthaften Anstalten gemacht, die Vertragsbedingungen zu erfüllen. Weder ließ er seiner geschiedenen Frau Mittel aus dem Erbe seiner im November 1930 verstorbenen Mutter zufließen, noch zahlte er die vereinbarten Hypothekenzinsen. Um einen mit der »Subhastation« verbundenen gesellschaftlichen Gesichtsverlust zu vermeiden, der ja auch die Geschwister Walter Benjamins betroffen hätte, einigten sich die Parteien schließlich auf einen Verkauf. Im Mai 1932 traten die Benjamins ihren Besitz im Grunewald für 72 500 Mark an Dora Sophie Kellner ab. Sie übernahm dabei eine auf der Immobilie lastende Hypothek in Höhe von 32 500 RM, und die übrigen 40 000 Mark wurden mit der Sicherungshypothek verrechnet, die auf ihren Namen im Grundbuch eingetragen war[284]. So kam Dora Sophie Kellner ohne Aufwendung zusätzlicher Mittel zu einer Grunewald-Villa. Was sie in ihrem damaligen Handeln leitete, dürfte die Sorge um ihren minderjährigen Sohn Stefan gewesen sein und dessen Absicherung in wirtschaftlich schwierigen Zeiten. Auf ihren Ex-Gatten konnte sie sich dabei, wie die Erfahrung gezeigt hatte, nicht verlassen.

ZUG INS DRITTE REICH

Aufmerksame Beobachter der politischen Entwicklung mochten schon im Frühjahr 1932 eine faschistische Machtergreifung in Deutschland nicht mehr ausschließen. Den Anlass derartiger Befürchtungen gaben die Aprilwahlen zum Preußischen Landtag, bei denen die Nazis einen überwältigenden Erfolg erzielten. Mit über acht Millionen Stimmen wurden sie stärkste Partei im Parlament des wichtigsten Landes, und die Zahl ihrer Abgeordneten schnellte von zuvor sechs auf 162 empor! Wer damals die Resultate genauer analysierte, dem blieb nicht verborgen, dass den Braunhemden, bis dahin stets Nutznießer der Unentschiedenheit im bürgerlichen Lager, in Preußen der erste wirkliche Einbruch in die Front der kommunistischen und sozialdemokratischen Wählerschaft gelungen war. Damit stand, so sah es auch Walter Benjamin, der »Zug ins Dritte Reich« abfahrbereit am Bahnsteig. Es mussten nur noch die Opportunisten zusteigen, die sich bislang gescheut hatten, mit fliegenden Fahnen ins braune Lager überzulaufen.

Benjamin weilte seinerzeit auf Ibiza, und angesichts der Ereignisse hielt er es für ein »Gebot der Vernunft«, vorläufig im Ausland zu verharren, um aus sicherer Entfernung die weitere Entwicklung abzuwarten. Er verspürte keinerlei Bedürfnis, die »Eröffnungsfeierlichkeiten des Dritten Reiches« mit seiner persönlichen Anwesenheit zu »ehren«. Denn welche Behandlung die künftigen Herren ihm und seinesgleichen, Juden und Andersdenkenden, anzugedeihen dachten, davon gab der in den Folgemonaten entfesselte Mob einen Vorgeschmack. Im Juni hob die Regierung ein kaum erlassenes Verbot gegen »sämtliche militärähnlichen Organisationen der NSDAP, insbesondere die Sturmabteilungen, die Schutzstaffeln, mit allen dazugehörigen Stäben und sonstigen Einrichtungen«[285] auf – mit der Folge, dass die Faschisten das Land mit einem politischen Terror überzogen, der bis dahin seinesgleichen gesucht hatte. Der »Altonaer Blutsonntag« – bei einem Sturm auf das Hamburger Arbeiterviertel kamen an einem einzigen Tag 17 Menschen ums Leben – stellte nur einen vorläufigen Höhepunkt dar. Tote und Verletzte wurden etwas derart Alltägliches, dass die Tageszeitungen weder willens noch imstande waren, von all den Zusammenstößen zwischen linken und rechten Kampfverbänden, von Saalschlachten, Schikanen und Verfolgungen, Übergriffen auf offener Straße sowie den Auswüchsen des Antisemitismus auch nur Notiz zu nehmen. Ironie des Schicksals, dass Benjamin kaum eine der »Eröffnungsfeierlichkeiten«, mit denen die Nationalsozialisten den Beginn einer ›neuen‹ – ihrer – Ära einläuteten, erspart blieb: weder Hitlers Ernennung zum Reichskanzler noch die Fakkelzüge der SA durchs Brandenburger Tor, weder die Notverordnungen mit der Aussetzung wesentlicher Grundrechte der Weimarer Verfassung noch die Auflösung von Gemeindevertretungen und Gemeindeorganen, weder der Reichstagsbrand noch die letzten ›freien‹ Wahlen vom März 1933 – von der systematischen Verfolgung des politischen Gegners und der Juden ganz zu schweigen, an der sich nunmehr 50 000 SA- und SS-Mitglieder beteiligten, die kurzerhand zu Hilfspolizisten ernannt worden waren. Er, der im November des Vorjahres nach Berlin zurückgekehrt war, erlebte all dies aus nächster Nähe. Denn seit seiner Scheidung wohnte er in der Innenstadt, in der Prinzregentenstraße. Es sei so eingeschüchtert, dass er sich kaum mehr aus den eigenen vier Wänden wage, ließ er einen Freund in Spanien wissen und fühlte schon einmal wegen eines eventuellen Asyls vor. Gut zwei Wochen nach dem Reichstagsbrand, der für viele seiner Freunde, Bekannten und Verwandten Anlass war, aus Deutschland zu fliehen, bestieg er einen Nachtzug von Berlin nach Köln, um von dort aus über Aachen und Lüttich nach Paris zu gelangen. Dass sich seine Reise bzw. Flucht unter ähnlich dramatischen Umständen abgespielt hätte, wie die seines Neffen Günther Stern wenige Tage zuvor* [286], davon klingt nichts in Benjamins frühesten Briefen aus dem französischen Exil an. Zurück in Berlin ließ er seine engsten Angehörigen: seine Ex-Gattin Dora Sophie Kellner mit dem gemeinsamen Sohn Stefan, die Schwester Dora sowie den Bruder Georg, der gerade als kommunistischer Abgeordneter des Bezirks Wedding

* Stern alias Anders will seinerzeit unerkannt vom »Bahnhof Zoo bis Köln« in einem Abteil mit pausenlos brüllenden SA-Leuten gesessen haben, die ständig ein »Wetzt die langen Messer auf dem Bürgersteig! / Laßt die Messer rutschen in den Judenleib! / Blut muß fließen knüppelhageldick! / Wir scheißen auf die Freiheit und die Judenrepublik! / Kommt einst die Stunde der Vergeltung, / sind wir zu jedem Massenmord bereit« skandierten.

wiedergewählt worden war und die feste Absicht hatte, sein Mandat trotz aller Einschüchterungsversuche der Nazis wahrzunehmen.

BLEIBEN – TROTZ TERROR

Mit Kommunisten auch nur zu sympathisieren oder gar zu den Mitgliedern der KPD zu zählen, war insbesondere nach dem Reichstagsbrand, für den die Nazis aus allzu durchsichtigen Gründen ihre linken Antagonisten verantwortlich machten, beinahe lebensgefährlich. Denn wie man künftig mit ihnen umspringen würde, dazu äußerten sich die bestimmenden Personen der NSDAP in diesen Tagen völlig freimütig. So führte etwa Hermann Göring am 3. März 1933 auf einer Wahlkundgebung in Frankfurt am Main aus, er »denke« gar »nicht daran«, gegen die politischen Feinde »in bürgerlicher Manier und ... Zaghaftigkeit« vorzugehen. Die »Maßnahmen«, die er als oberster Polizist des Landes zu ergreifen beabsichtige, würden »nicht angekränkelt sein durch irgendwelche juristischen Bedenken«. Schließlich habe er »keine Gerechtigkeit zu üben«, sondern »nur zu vernichten und auszurotten, weiter nichts!« Und er werde den »Kampf« nicht nur mit allen »staatlichen und ... polizeilichen Machtmittel« führen, sondern ebenso – und hier sprach er explizit und drohend die »Herren Kommunisten« an – »mit denen da unten, den Braunhemden«[287], d. h. mit den Schlägertruppen der SA. Offener und unmissverständlicher konnte man es nicht sagen. Und dennoch scheinen diese Drohungen, die die Spitzen der Nazipartei in wechselnden Formulierungen immer wieder bekräftigten, viele Kommunisten unbeeindruckt gelassen zu haben. In völliger Verkennung der neuen Machtverhältnisse in Deutschland meinten sie nicht nur, die neuen Machthaber würden rasch abgewirtschaftet haben, sondern sie selbst würden schließlich auch als Sieger aus der politischen Auseinandersetzung hervorgehen. Das illustriert anschaulich ein Artikel aus der *österreichischen* Ausgabe der *Roten Fahne* vom selben Tag der hier zitierten Göring-Rede. Darin ist von »Millionen ... unerschrockener und ergebener Kämpfer des Befreiungskampfes der deutschen Arbeiter« die Rede, die die Kommunistische Partei in ihren Reihen zähle. Hitler, und mit ihm das ganze kapitalistische System, würde diese »revolutionäre Freiheitsbewegung Deutschlands« nicht bezwingen können. Vielmehr werde sie »aus den Tagen schwerster Verfolgung und Unterdrückung« als Sieger hervorgehen. Hitler werde ihr am Ende »erliegen!«[288] Welch' einem Wunschdenken man erlegen war, das zeigten bereits die Ereignisse der nächsten Tage. Schon am 4. März, einen Tag vor den letzten ›freien‹ Wahlen zum deutschen Reichstag, musste dieselbe *Rote Fahne* vermelden, der Vorsitzende der KPD, Ernst Thälmann, sei verhaftet worden. Und er war nur einer, freilich der prominenteste, unter den Tausenden, die in den Folgewochen verhaftet wurden und in den Folterkellern sowie improvisierten Konzentrationslagern der Nazis verschwanden.

Dazubleiben, keinen Schritt zurückzuweichen und trotz des Terrors Widerstand zu leisten, war offenbar auch die entschiedene Absicht Georg Benjamins. Er harrte trotz aller Menetekel in Berlin aus. Anfang April 1933 widerfuhr ihm dann das Schicksal, das fast alle Opponenten des Naziregimes ereilte: »Schutzhaft«, Misshandlungen und schließlich Konzentrationslager. In seinem Falle handelte es sich um das Lager Sonnenburg bei Küstrin, wo der berüchtigte SS-Truppführer Heinz Adrian das Regime führte und seine Handlager die nicht weniger gefürchteten Mitglieder des SA-Sturms »Horst Wessel« waren. Ende 1933 überraschend wieder freigekommen, wollte er trotz dieser Erfahrungen nicht fliehen. Die Gelegenheit dazu hätte er gehabt. Stattdessen wurde er wieder in der politischen Untergrundarbeit aktiv, wurde 1936 denunziert und schließlich zu sechs Jahren Zuchthaus verurteilt. Im Anschluss daran ins Konzentrationslager gebracht, wurde er 1942 in Mauthausen ermordet.

Georg Benjamin.
Foto: Atelier Joël-Heinzelmann

Dora Benjamin, ca. 1935
Foto: Atelier Joël-Heinzelmann

Dora Benjamin war die Letzte der Geschwister Benjamin, die noch in der Delbrückstraße wohnte. Abgesehen von Studienaufenthalten in Heidelberg, Jena und Greifswald, lebte sie hier ununterbrochen von 1911 bis zu ihrer Flucht nach Frankreich im August 1933. In der Literatur ist man über die promovierte Staatswissenschaftlerin weitgehend hinweggegangen, hat sie meist nur als Schwester ihres berühmten Bruders Walter wahrgenommen[289]. Dabei konnte auch sie auf eine beachtliche Karriere verweisen.

Ihre ersten Schuljahre verbrachte sie auf dem Grunewalder Bismarck-Lyzeum (heute Hildegard-Wegscheider-Oberschule) in der Lassenstraße, später besuchte sie die von Helene Lange begründeten Gymnasialkurse für Mädchen in Berlin, um schließlich ihre Reifeprüfung am damaligen Grunewald-Realgymnasium (heute Walther Rathenau-Gymnasium) abzulegen. Das war 1921. Danach studierte sie Nationalökonomie und wurde 1924 mit einer Arbeit über *Die soziale Lage der Berliner Konfektionsheimarbeiterinnen*[290] promoviert. Beruflich war Dora Benjamin in verschiedenen Bereichen der Sozialarbeit tätig. So war sie u. a. an Projekten der Mediziner Ernst Joël und Fritz Fränkel, engen Freunden auch ihres Bruders Walter, am Kreuzberger Gesundheitshaus beteiligt, arbeitete (ab 1930) an der Kreuzberger Fürsorgestelle für Drogenkranke mit und war als Erziehungsberaterin für die Internationale Arbeiterhilfe tätig. 1929 gehörte sie zu den Organisatoren der legendären Ausstellung *Gesunde Nerven* im Gesundheitshaus Kreuzberg[291]. Im August 1933 verließ sie Deutschland und ließ sich in Paris nieder, wo sie in der von Hanna Grunwald-Eisfelder gegründeten *Assistence Medicale aux Enfants de Refugies* mitarbeitete. Nach dem Ausbruch des Zweiten Weltkriegs wurde sie in ein französisches Lager gesteckt. Das war im Zuge der zweiten Internierungswelle 1940, mit der auch Frauen zu ›feindlichen Ausländern‹ erklärt wurden. So kam sie in das berüchtigte Lager Gurs in den Pyrenäen. Nach ihrer Entlassung wartete sie (an verschiedenen Orten Südfrankreichs) in der Klandestinität vergeblich auf ein ihr versprochenes Visum für die Vereinigten Staaten. Als die Nazis im November 1942 den Rest des Landes besetzten und auch im Vichy-Frankreich die Judendeportationen begannen, gelang Dora Benjamin die Flucht in die Schweiz. Aufgrund ihres schlechten Gesundheitszustandes gehörte sie zu den wenigen Juden, die bei ihrem illegalen Grenzübertritt nicht von der Schweizer Polizei zurückgewiesen wurden. Trotz einer schweren Krebserkrankung war sie in ihren letzten Lebensjahren noch für verschiedene Flüchtlingsorganisationen tätig.

Mehrere Gründe dürften Dora Benjamin bewogen haben, 1933 ins Exil zu gehen. Zum einen war es das Schicksal ihrer Brüder. Zum anderen rückten ihr die braunen Machthaber selbst im fernen Grunewald immer näher auf den Leib. Denn schon mit dem Jahr 1933 begann die allmähliche Inbesitznahme des Villenvorortes durch NS- und Militär-Organisationen, Nazi-Prominente und hohe Offiziere der Wehrmacht. Robert Ley, damals einer der einflussreichsten und mächtigsten Vertreter der NSDAP, war nur einer der ersten von ihnen. Schon die bloße Anwesenheit des »Reichsorganisationsleiters« und Leiters der *Deutschen Arbeitsfront* musste auf jeden dort lebenden Juden einschüchternd wirken, war Ley doch bis dato vor allem als Trunkenbold, Schläger und »Ritualmordhetzer«[292] in der Öffentlichkeit aufgefallen. Zum dritten dürfte schließlich die Absicht ihrer Schwägerin, die Grunewald-Villa so rasch wie möglich zu verkaufen, eine Rolle gespielt haben.

Stefan Benjamin, ca. 1937/38

Spätestens nach der Flucht ihres Ex-Gatten sowie der Verhaftung ihres Schwagers stand für Dora Sophie Kellner fest, dass auch sie Deutschland verlassen würde. Nur der Zeitpunkt ihres Weggangs stand anfangs noch in den Sternen. Denn sie sah sich vor Probleme gestellt, deren Lösung nicht von einem Tag auf den anderen zu leisten war. Zum einen war da ihre Sorge um die schulische Zukunft ihres Sohnes Stefan. Zum anderen wollte sie die Grunewald-Villa nicht durch eine überstürzte Flucht unter Wert verkaufen müssen. Und zum dritten wollte sie sich Klarheit darüber verschaffen, wieviel ihres beweglichen und unbeweglichen Vermögens sie mit ins Exil nehmen könne.

Über diese Pläne sowie über die allgemeine politische Lage und ihre familiäre Situation in dieser Zeit hielt sie ihren im Ausland weilenden Ex-Gatten in ausführlichen Briefen auf dem Laufenden. Die waren freilich nicht im Klartext verfasst, sondern verschlüsselt, was erahnen lässt, wie bedroht sie sich selbst im ruhigen Grunewald fühlte. Von ihrem Alltag, ihren Vorhaben und ihren Ansichten sprach sie in diesen Schreiben stets nur in dritter Person, kleidete ihre Berichte, Meinungen und Kommentare zu den täglichen Ereignissen in Formulierungen wie »Soviel über Sophies Familie«[293], »seine [Stefans] Mutter denkt…«[294] oder »Sophia meint…«[295]. Sie war überzeugt, Nazi-Zensoren würden ihre Briefe mitlesen und sah sich auch sonst »überall von Spionen«[296] umgeben. Ein offenes Wort selbst in der Korrespondenz schien ihr deshalb zu riskant. Namen, Ereignisse und Bezüge sind daher in ihren Mitteilungen nach Paris meist chiffriert. Ihre Schwägerin Dora Benjamin wird in ihnen zur Tochter »Emil und Paulines«[297], der Sohn Stefan Rafael zu einer »Raffaella«[298]. Und um dem Empfänger ihrer Zeilen aufschlussreichere Vorstellungen etwa von der bedrückenden Atmosphäre im Land oder dem Schicksal von Verwandten und Bekannten zu bieten, griff sie häufig zum Mittel absurder Verkehrungen bzw. grotesker Beschwichtigungen. So sei, um hierfür nur zwei, drei Bespiele herauszugreifen, die Bestialität des braunen Mobs pure »Greuelpropaganda«[299] der ausländischen Presse. Oder: der verhaftete und sogleich schwer misshandelte Schwager Georg Benjamin sei »sehr krank« und daher in ein »Sanatorium«[300] eingeliefert worden. Schließlich: »Es herrscht hier musterhafteste Disziplin und schönste Ordnung.«[301]

Ob so viel Vorsicht bereits in den Anfangsmonaten der Nazi-Herrschaft geboten war, ist im Nachhinein schwer zu beurteilen. Vermutlich hätte sie Dora Sophie Kellner ohnehin nicht wirklich geschützt, da ihre Kautelen durch die Offenheit ihres Sohnes Stefan konterkariert wurden. Denn der äußerte sich in seinen Beischriften und eingelegten Briefen stellenweise völlig unverblümt über Veränderungen, deren Auswüchse sich bis in seinen Schulalltag hinein erstreckten. So heißt es beispielsweise in Anspielung auf die Entlassung jüdischer Dozenten an seiner Anstalt: »Die Ferien sind plötzlich vom 19.4. bis zum 1.5. verlängert worden. Das wird … damit begründet, daß man Zeit brauche um viele Lehrerstellen neu zu besetzen«. Außerdem tobe ein »erbitterter Kampf«[302] um die Ämtervergabe an seiner Schule, nachdem der bisherige Direktor der Schule, der liberal-konservative Wilhelm Vilmar, in den Ruhestand versetzt worden war. Ihm folgte für kurze Zeit ein gewisser Heinz Hempel, ein strammer Nazi, der seine Tätigkeit in SA-Uniform versah und dessen pädagogische Devise lautete: »Humanität können wir uns nicht leisten«[303]. Zwar war die äußere Erscheinung seines Nachfolgers Wilhelm Waldvogel weniger aufdringlich – er soll sich »mit dem Parteiabzeichen am Revers« eines »gutgeschnittenen Anzugs«[304] begnügt haben –, doch brachte diese Camouflage keine Kursänderung mit sich. Unter seiner Ägide wurde die Anstalt ›judenfrei‹ (Nazi-Jargon) gemacht, und das humanistische Gymnasium sank zu einer besseren »Kadettenanstalt«[305] herab.

Dass der weitere Schulbesuch ihres Sohnes zu diesem Zeitpunkt völlig ungewiss war, sprach Dora Sophie Kellner mit der rätselhaften Bemerkung an: »Die kleine Raffaella ist mit noch elf anderen Landsleuten in derselben Klasse; davon sind vier noch nicht eingebürgert, ebenso wie sie, die andern acht oder neun Kolleginnen sind reine Spanierinnen.« Übersetzt hieß das so viel wie: In Stefans Klasse säßen neben acht oder neun ›Ariern‹ (Nazi-Jargon) auch vier jüdische Schüler, ihn eingerechnet. Deren erneute Einschreibung habe man seitens der Schulleitung bislang nicht bestätigt, sie seien noch nicht »eingebürgert«[306] worden. Grund war ein mit dem 25. April 1933 erlassenes *Gesetz gegen die Überfüllung deutscher Schulen und Hochschulen*, das vor allem die Verdrängung deutscher Juden aus dem Ausbildungssektor zum Ziel hatte. Seine Ausführungsbestimmungen legten u. a. fest, dass fortan nicht mehr als fünf Prozent der Gesamtschülerschaft »nichtarischer Abstammung«[307] sein dürfe. Das traf den Grunewald mit seinem überproportional hohen Anteil jüdischer Bewohner besonders hart. Am dortigen Gymnasium führte diese Regelung zu einem wahren Exodus jüdischer Schüler, deren Zahl Stefan Benjamin bereits im Dezember 1933 auf »etwa 75«[308] bezifferte, was weit mehr als 10 Prozent der Gesamtbelegschaft der Anstalt entsprach. (Stefan Benjamin selbst besuchte das Gymnasium noch bis 1935 und verließ es mit dem Abschluss der mittleren Reife.)

Ähnlich erniedrigende »Judengesetze«[309], wie man sie nannte, fürchtete Dora Sophie Kellner auch bei ihren Bemühungen um den Verkauf der Grunewald-Villa. Er war schon frühzeitig ein Thema ihrer Korrespondenz mit Walter Benjamin. So heißt es beispielsweise in einem Schreiben vom 8. April 1933, dass alle weiteren Dispositionen »Sophies« auch und vor allem davon abhingen, wie künftig »die Besitzfrage geregelt« werde. Denn »bei Expropriationen, wie sie ja in Spanien« – lies: Deutschland – »häufig« seien, wisse »man wirklich nicht«[310], was ratsam sei. Insgesamt drei Jahre sollten schließlich die Verhandlungen mit unterschiedlichen Interessenten dauern. Am Ende trat dann genau das ein, was Dora Sophie Kellner von Anfang an befürchtet hatte: Sie sah sich gezwungen, ihr Eigentum weit unter Wert zu verkaufen.

Neuer Eigentümer wurde ein Holzgroßhändler und Sägewerksbesitzer aus Danzig namens Reinhold Brambach. Am 3. Juni 1936 wurde die Übereignung notariell unter Dach und Fach gebracht. Der Käufer legte mit 100 000 Reichsmark gerade einmal eine Summe auf den Tisch, die noch den Kaufpreis des bloßen Grundstückes unterschritt, zu dem einst Harro Magnussen das Areal in der Delbrückstraße, Ecke

Jagowstraße erworben hatte. Vom Geld sah Dora Sophie Kellner freilich nicht einmal die Hälfte. Denn zum einen kam eine Hypothek von 45 000 Mark zum Abzug, die der Neubesitzer übernahm, und zum anderen hatte sie eine Sofortsteuer zu entrichten, deren Höhe sich in einem oberen vierstelligen Bereich bewegt haben dürfte. Einer weiteren Forderung des Nazi-Staates, eine ›Reichsfluchtsteuer‹ von über 21 000 RM zu zahlen, entging sie nur durch den Nachweis, dass das Geschäft zu einem Zeitpunkt getätigt wurde, als sie noch offiziell in Berlin gemeldet war. (Für diese angebliche Schuld wurde sie zeitweilig sogar steckbrieflich gesucht.) Erstaunlich in dieser ganzen Angelegenheit war allein, dass Dora Sophie Kellner offenbar über die Restsumme frei verfügen konnte. Das war zu diesem Zeitpunkt bereits ungewöhnlich. Denn im Nazi-Staat verwalteten längst Finanzbeamte mehr oder minder willkürlich die Vermögen deutscher Juden, die für jede Abhebung von ihren eigenen Konten deren Einverständnis einholen mussten. Was am Ende Dora Sophie Kellner vom Verkauf blieb, will sie dann einem in den Akten nicht namentlich genannten, »befreundeten Juden« anvertraut haben, der später aber »deportiert wurde und verschollen ist«, so dass »der Hauptteil des Kaufpreises« für sie »verloren ging«[311].

Womit aber finanzierte sie dann ihren Neuanfang im Exil? Die Frage ist insofern von Belang, als es Dora Sophie Kellner immerhin gelang, insgesamt 30 000 RM nach Italien zu transferieren. Die Erklärung dafür ist in der oben erwähnten Hypothek von 45 000 Mark zu suchen, ein ›Kredit‹, den sie, auf welch' abenteuerlichen Wegen auch immer, noch im Januar 1934 von der Deutschen Ärzteversicherung erhalten hatte. Mit dieser Liquidität löschte sie nicht nur kleinere Hypotheken, die auf der Grunewald-Immobilie lasteten (etwa die 5000 Mark, die ihr ihre Mutter geliehen hatte), sondern konnte auch notwendige Reparaturarbeiten an der Villa zwecks Wertsteigerung vornehmen. Und es blieben ihr allem Anschein mehrere Zehntausende, mit denen sie sich bereits 1934 in eine Pension in San Remo einkaufte[312]. Sie war wirklich, wie sie auch auf ihrem weiteren Lebensweg stets erneut bewies, eine vorausschauende und kluge Geschäftsfrau.

Der Bahnhof Grunewald war weder in Hör- noch in Sichtweite der Delbrück-/Jagowstraße. Gleichwohl dürften den Bewohnern die Ereignisse, die sich hier im Oktober und November 1941 abspielten, kaum entgangen sein. Die Nazis hatten mit der systematischen Deportation der Berliner Juden begonnen, die zunächst in die im Osten gelegenen Ghettos verschleppt wurden. Der erste Transport mit über eintausend Verfolgten verließ die »Grunewald-Rampe« am 18. Oktober in Richtung Litzmannstadt. Ihm folgten in kurzen Abständen sechs weitere, wiederum nach Łódź sowie nach Minsk, Kowno und Riga. Die »Aussiedler«, wie sie die Nazis zynisch nannten, gelangten vom Zentrum der Hauptstadt, vom Sammellager in der Levetzowstraße, zu Fuß in den Grunewald, in langen Kolonnen und teils bei strömendem Regen. Nur Alte, Gebrechliche und Kinder wurden auf Lastwagen hierher verbracht, meist auf offenen »Steh-trucks«, wie sich eine Überlebende des Holocausts erinnerte. Zu schwereren Übergriffen seitens der »Reitpeitschen«[313] schwingenden Wachmannschaften soll es bei diesen ersten Deportationen nicht gekommen sein. Auch wurden die Opfer vom Grunewald aus noch in ganz normalen Personenwaggons »evakuiert« (wiederum Nazi-Jargon), freilich in solchen der dritten Klasse.

Wie nahe die Bewohner der Delbrück-/Jagowstraße das Geschehen an sich herankommen ließen, ist nicht überliefert. Betroffen von der Verfolgung war ohnehin niemand unter ihnen, denn zu diesem Zeitpunkt lebte schon längst kein *ausgewiesener* deutscher Jude mehr unter dieser Adresse. Der letzte namens Hans Freyhan, Kaufmann von Beruf und ehemaliger Fabrikdirektor, war bereits fünf Jahre zuvor in die nahegelegene Salzbrunner Straße in Schmargendorf gezogen, wo er noch bis 1939 gemeldet war. (Er konnte sich mit seiner Familie, Ehefrau und zwei Kindern, schließlich nach England retten.) Sein Wohnungswechsel mag ganz profane Gründe gehabt haben, etwa den, dass die neue Bleibe billiger war, oder den, dass dort hauptsächlich Juden wohnten. Möglicherweise aber hing dieser Umzug auch mit der Veränderung der Besitzverhältnisse der Villa sowie vor allem dem Einzug neuer Mieter zusammen, die den Nazis gesinnungsmäßig zumindest sehr nahestanden oder zu deren Parteimitgliedern zählten.

Einer von denen, die es 1936 mit der Familie hierher verschlagen hatte, war der ehemalige Direktor der Landwirtschaftskammer für die Provinz Schleswig-Holstein, der promovierte Nationalökonom, hochdekorierte Freiwillige des Ersten Weltkriegs und Leutnant der Reserve Thyge Thyssen. 1933 zunächst noch von den Nazis aus dem Amt gejagt, »um einem Parteigenossen Platz zu machen«, scheint er sich schon bald mit den neuen Machthabern arrangiert zu haben. Denn bereits im Januar 1934 wurde er vom Gauleiter der Region, dem NS-Multifunktionär und Mitverantwortlichen des Genozids an den europäischen Juden (der für seine Verbrechen nie zur Verantwortung gezogen wurde) Hinrich Lohse, »ehrenamtlich zum Geschäftsführer des Kieler Kontors der Nordischen Gesellschaft«[314] ernannt. Die Nordische Gesellschaft war zu Beginn der Weimarer Republik gegründet worden, um nach dem Ersten Weltkrieg die wirtschaftlichen und kulturellen Beziehungen Schleswigs-Holsteins zu seinen skandinavischen Nachbarn neu zu beleben. Parteipolitisch ursprünglich neutral, wurde sie von den Nazis ›gleichgeschaltet‹ und mehr und mehr zu einer Institution, die der Verbreitung völkisch-rassistischer Ideologie diente, was Thyssen offenbar nicht unberührt gelassen hat. Denn seine wenige Jahre später entstandenen, hier zitierten Aufzeichnungen zur Geschichte der eigenen Familie spiegeln in zahlreichen Passagen und Wendungen, etwa in der Rede von der durch die Nazis aufgewerteten »Rassenfrage« oder dem penetrant unterstrichenen Deutschtum seiner Ahnen und Verwandten, diese Weltanschauung ziemlich deutlich wider. Ja, selbst seine erst nach 1945 geschriebene Geschichte über das *Werden und Wirken des Bauerntums in Schleswig-Holstein* (so der Untertitel einer 1958 erschienenen, umfangreichen Untersuchung über *Bauer und Standesvertretung*) enthält noch gelegentliche Reflexe dieser unheilvollen Art, beispielswei-

Thyge Thyssen, Mitte der 1950er Jahre

Carl August Emge (rechts) mit Elisabeth Förster-Nietzsche und Hitler in Weimar

se im vielfachen und völlig naiven Gebrauch des Begriffes »Viehjude«, dem Thyssen ohne jeden Anflug kritischer Reflexion sogar noch diese Anmerkung hinterherschickte: Ein bekannter Mann habe ihm einmal gesagt, die »Schleswig-Holsteiner« könnten »gar nicht dankbar genug dafür sein, daß« ihre »Bauern besser Vieh zu handeln« verstünden »als *der routinierteste Viehjude*, und darum« sei ihr »Land *vor dieser Plage* stets bewahrt geblieben.«[315] Noch im selben Jahr 1934 wurde Thyssen, wiederum von einem prominenten Nazi, und zwar dem schleswig-holsteinischen Landesbauernführer Wilhelm Struve, zum »Geschäftsführer des … Getreidewirtschaftsverbandes Schleswig-Holstein« ernannt. Aus dieser Stellung heraus gelangte er schließlich nach Berlin, wo er »als Abteilungsleiter und stellvertretender Geschäftsführer« in »der Hauptvereinigung der Deutschen Getreidewirtschaft«[316] tätig war.

Ein weiterer Neumieter, der ebenfalls 1936 in die Delbrückstraße zog, war der Philosophie-Professor Carl August Emge. Von sich reden gemacht hatte der Jenaer und nunmehrige Berliner Hochschullehrer und langjährige Leiter des Nietzsche-Archivs bis dahin weniger durch eine segensreiche öffentliche Tätigkeit oder durch seine philosophischen

Vorlesungen und Publikationen als vielmehr dadurch, dass er sich bereits vor 1933 zu den Nazis bekannt hatte. Im Dezember 1931 in die NSDAP eingetreten, gehörte er zu den ersten amtierenden deutschen Professoren, die zur Wahl der zukünftigen braunen Machthaber aufriefen. Über die Tiefe seiner Verstrickung in das NS-Regime gehen die Meinungen bis heute auseinander. Unabhängig davon aber haben Außenstehende ihn seinerzeit vor allem als hohen Würdenträger des NS-Staates, als Philosophen des (Nazi-) Führertums[317] sowie Günstling des höchsten Juristen im ›Dritten Reich‹, des »Reichsrechtsführers«, späteren Generalgouverneurs und berüchtigten ›Polen-Schlächters‹ Hans Frank, wahrgenommen.

Es wäre also nur zu verständlich gewesen, wenn sich der Kaufmann Hans Freyhan nicht zuletzt wegen dieser Nachbarschaft ein neues Zuhause gesucht hätte. Ein zweiter Mieter in der Grunewald-Villa hingegen hatte diese Nähe bis an sein frühes Lebensende zu ertragen. Die Rede ist hier von dem promovierten Staatswissenschaftler und Kaufmann Heinz Tirschtigel, der gut zwei Monate vor Beginn der Massendeportationen Berliner Juden eines natürlichen Todes starb. Der Auslegung der Nürnberger Rassengesetze zufolge hätte Tirschtigel als ›Volljude‹ (Nazi-Jargin) gelten müssen, waren doch sowohl seine Eltern als auch seine Großeltern jüdischer Herkunft. Gleichwohl sucht man jeden Hinweis auf diese Abstammung vergebens, selbst in den ab 1938 von den Nazis mit lauter zusätzlichen Randvermerken versehenen amtlichen Dokumenten, die Auskunft über das konfessionelle Bekenntnis – für die Braunhemden über die ›rassische Herkunft‹ – gaben. Weder seine Geburts- und Heiratsurkunde noch die Sterbeakte enthalten jenen Stempel, jene berüchtigte Eintragung, der »Nebenbezeichnete« führe auf »Grund der Zweiten Verordnung vom 17. August 1938 zur Durchführung des Gesetzes über die Änderung von Familiennamen und Vornamen« fortan den zusätzlichen Namen »Israel«. Was mag der Grund dafür gewesen sein? Die Tatsache, dass er in einer so genannten privilegierten Mischehe lebte, kann es nicht gewesen sein, denn das bewahrte *keinen* deutschen Juden vor diesem entwürdigenden Zusatznamen. War aber Tirschtigel so prominent und einflussreich, dass die Nazis glaubten, ihn zunächst verschonen zu müssen? War er aus irgendeinem Grund für die Kriegswirtschaft unentbehrlich? Oder gehörte er gar zu jenen ›Ehren-

Ariern‹, die sich NS-Bonzen unter dem Motto »Wer Jude ist, bestimme ich« gern ans Revers hefteten, um damit nicht zuletzt ihre Machtfülle ostentativ zur Schau zu stellen? Für derlei Vermutungen haben sich bislang keine wirklich belastbaren Indizien finden lassen. So bleibt nur eine letzte Spur, die diese Auffälligkeit in Tirschtigels Biographie möglicherweise erklärt, und die führt in seine Familienverhältnisse.

Heinz Tirschtigel war in zweiter Ehe mit einer Olga von Grawert verheiratet. Die gehörte einer sehr angesehenen Familie an, der einige herausragende Persönlichkeiten preußisch-deutscher Geschichte entstammten, hohe Offiziere vor allem. Die von Grawerts waren gleich mehrfach mit einer noch prominenteren Familie verwandt, und zwar mit den von Witzlebens, einem thüringischen Uradel, aus dem zahlreiche bekannte Höflinge und bedeutende Militärs hervorgingen. Sein zu dem hier behandelten Zeitraum angesehenster Vertreter war Erwin von Witzleben, in den Jahren des Zweiten Weltkriegs der ranghöchste deutsche Offizier (Generalfeldmarschall), der schließlich als Hitler-Gegner in Berlin-Plötzensee gehängt wurde. Es dürfte seine schützende Hand gewesen sein, die Heinz Tirschtigel und seine unmittelbaren Angehörigen bis in die Kriegsjahre hinein vor der NS-Verfolgung bewahrte – gewissermaßen sogar aus nächster Nähe, denn von Witzleben bewohnte bei seinen Berlin-Aufenthalten die Nachbarvilla in der Delbrückstraße 19-21[318].

Diese Protektion fand jedoch kaum zwei Jahre nach dem Ableben Heinz Tirschtigels (im August 1941) ihr Ende. Im Mai 1943 wurde seine Mutter Martha Lamm nach Theresienstadt deportiert. Zu dieser Zeit war Erwin von Witzleben längst kaltgestellt. Schon damals der Hitler-Gegnerschaft verdächtigt, wurde er im März 1942 aus vorgeblich gesundheitlichen Gründen in die einflusslose »Führerreserve« versetzt. Am 21. Juli 1944 dann im Zuge des missglückten Hitler-Attentats verhaftet, musste er sich als einer der ersten Verschwörer vor dem Volksgerichtshof unter dem Vorsitz des berüchtigten Roland Freisler verantworten. Nach nur zwei Verhandlungstagen wurde er am 8. August 1944 zum Tode verurteilt und auf ausdrücklichen Befehl Hitlers umgehend gehängt. Am selben Tag, und das dürfte alles andere als ein purer Zufall gewesen sein, wurde die Mutter des von ihm einst geschützten Heinz Tirschtigel in Theresienstadt ermordet.

Als Sinnbild tödlicher Verfolgung stand die »Grunewald-Rampe« für zahlreiche weitere Familienangehörige ehemaliger Bewohner der Delbrück-/Jagowstraße. So verschleppten die Nazis u. a. die Mutter und Stiefmutter, den Bruder sowie den Neffen Hans Freyhans, die dann in den Lagern von Auschwitz, Ravensbrück und Theresienstadt ermordet wurden. Den Universitätsprofessor Alfred Byk hingegen, Bruder des Rechtsanwalts Rudolf Byk, deportierten sie am 2. Juni 1942 mit dem »14. Osttransport« vom Grunewald ins Generalgouvernement und anschließend in eines der östlichen Vernichtungslager, vermutlich Sobibor. Und noch im März 1945 wurde die Familie des Schwagers von Felix Kupsch, einem ›arischen‹ (Nazi-Jargon) Bildhauer, Opfer des NS-Regimes. Der promovierte Lehrer Curt Rosenbaum, seine Ehefrau Hedwig, geb. Kupsch, und Tochter Ada seien, so hieß es ursprünglich in ihren amtlichen Sterbeurkunden, Opfer eines alliierten Fliegerangriffs geworden. In einer Randnotiz von 1955 wurde dann aber korrigierend nachgetragen, diese Todesursache entfalle, was vermuten lässt, sie seien entweder bei einer Razzia ermordet, als Sklavenarbeiter zu Tode gekommen, oder aber sie hätten gemeinschaftlichen Selbstmord verübt.

WAS BLIEB – EIN TRÜMMERHAUFEN

Wann genau der Gebäudekomplex in der Grunewalder Delbrückstraße 23, Ecke Jagowstraße 2 in Schutt und Asche gelegt wurde, ist den überlieferten Dokumenten nicht zu entnehmen. Ein Hinweis in den Akten des Prozesses, den Dora Sophie Kellner 1951 anstrengte, um ihren Besitz zurückzuerhalten, erlaubt es jedoch, den Zeitpunkt der Zerstörung näher einzugrenzen. In einem Schriftsatz der Grundstücks- und Vermögensverwaltung Arthur Geibel, die bereits vor dem Krieg die Immobilie für den Eigentümer Reinhold Brambach verwaltete und in diesem Verfahren die Interessen von dessen Erben wahrnahm, heißt es nämlich beiläufig, das Grundstück sei »im November 1943«[319] verwüstet worden. In den Tagen zwischen dem 18. und 26. November 1943 flog die britische Royal Air Force mehrere Großangriffe auf Berlin, die das gesamte Stadtgebiet in Mitleidenschaft zogen. Diese Bombardements standen

Das »enttrümmerte« Grundstück der Delbrückstraße 23 in einer Aufnahme des Jahres 1951. Foto-Herter, Berlin

im Zeichen der im Herbst 1943 vom Oberkommandierenden der britischen Luftstreitkräfte, Arthur Harris (»Bomber-Harris«), ausgerufenen »Battle of Berlin« und dauerten bis in den März des darauffolgenden Jahres an. In ihrem Verlauf überzogen die Alliierten die Hauptstadt mit zahlreichen Flächenangriffen, die nicht nur Militär- und Industrieanlagen dem Erdboden gleichmachten, sondern ebenso die Infrastruktur sowie zwecks Demoralisierung der Bevölkerung ganze Wohnbezirke zerstörten. Der Grunewald war vor allem von einem der drei Großangriffe am 22., 23. und 26. November 1943 betroffen. In diesen Tagen wurden vornehmlich durch Spreng- und Brandbomben die Reichsärztekammer in der Hubertusallee, das Postamt Grunewald und ein Reservelazarett, beide in der Herthastraße gelegen, dem Erdboden gleichgemacht sowie der Güterbahnhof Halensee schwer beschädigt[320]. So der Bericht der *Hauptluftschutzstelle der Stadtverwaltung Berlin.*

Vermutlich traf es in eben diesen Tagen auch die ehemalige Benjamin-Villa, deren zur Delbrückstraße hin gelegener Teil danach nur noch eine Ruine war, während der der Jagowstraße wie durch ein Wunder weitgehend unversehrt blieb. Bis in die späten 1970er Jahre war dieser Flügel sogar noch bewohnt[321], nur dass sich die Anschrift der dortigen Einlieger mittlerweile geändert hatte. Denn schon seit 1953 wohnten sie nicht mehr in der Jagow-, sondern in der Richard-Strauss-Straße. Indem man den zweifellos bedeutenden Komponisten zum neuen Namensgeber machte, glaubte man wohl, zugleich die Erinnerung an eine durch die Geschichte kompromittierte Persönlichkeit, gar einen ehemaligen Nazi, aus dem kollektiven Gedächtnis zu tilgen. Wer immer aber dafür verantwortlich zeichnete, bewies mit seinem ›Streich‹ wenig historisches Bewusstsein.

Ursprünglich war dieser Teil des Grunewalds nach einem gewissen »Jagow, ehem. Oberpräsident der Provinz Brandenburg«, benannt, ohne dass man über all die Jahre dessen Vornamen erfahren hätte. Erst ab 1938 heißt es fortan in den Erläuterungen des Berliner Adressbuches, die Jagowstraße gehe auf »Traugott v. Jagow, ehem. Oberpräsident der Provinz Brandenburg, geb. 18.5.1865«, zurück. Eine erstaunliche Erklärung! Denn wäre der nachmalige Polizeipräsident von Berlin (1909-1916) und führende Mitverschwörer des antirepublikanischen Kapp-Lüttwitz-Putsches 1920 (in der vier Tage währenden Regierungszeit der Konterrevolutionäre bekleidete er das Amt eines Innenministers) tatsächlich der Namensgeber gewesen, so hätte er diese Ehre als gerade einmal Dreißigjähriger erfahren. Und abgesehen davon, hat es Traugott von Jagow trotz einer steilen Karriere im Kaiserreich nie zum höchsten Amt im Lande Brandenburg gebracht, wohl aber ein weit prominenteres Mitglied seiner bedeutenden Familie, nämlich Gustav von Jagow, Traugotts Onkel. Der war nicht nur preußischer Innenminister (1862) sowie Mitglied des Reichstages als Vertreter der Deutschkonservativen Partei (1867-1879), sondern brachte es auch zum höchsten Verwaltungsbeamten Brandenburgs, eben einem »Oberpräsidenten« (in den Jahren 1863-1879)[322].

Als man 1938 die Angaben zum Namensgeber der Jagowstraße präzisierte, war das vermutlich nicht einmal Chuzpe, sondern bloße Unwissenheit. Denn so reaktionär Traugott von Jagow politisch auch gewesen sein mag, als Galionsfigur der Nazis eignete sich der überzeugte Monarchist kaum. So hat man denn 1953, und sicher ungewollt, den Bock zum Gärtner gemacht, indem man den unverdächtigen Namen eines bereits 1879 Verstorbenen durch den eines Mannes, Richard Strauss, ersetzte, der in der NS-Zeit immerhin Präsident der Reichsmusikkammer war und insgesamt ein zumindest ambivalentes Verhalten gegenüber den braunen Machthabern an den Tag gelegt hatte.

Nachtrag: Als Werner Kraft 1957 vor dem Haus in der Delbrückstraße stand, tat er auch einen Blick in die bereits umbenannte ehemalige Jagowstraße. Sie heiße jetzt, so klingt sein eingangs zitiertes Prosastück *Abwesendes Haus* aus, »Richard Strauß-Straße. Daß sie Walter Benjamin-Straße hieße, ist ganz undenkbar. Jener starb, geehrt von den Unnennbaren, im Bett; dieser, den Unnennbaren schon entkommen, an Gift. Ich gedenke seiner.«[323] Irgendeinem der Benjamins *sichtbar* zu gedenken, dazu hat man sich, wenigstens im Grunewald, bis heute nicht durchringen können.

EPILOG: WIEDER*GUT*MACHUNG?

Im März 1951 reichte Dora Sophie Kellner, die letzte Besitzerin der Grunewald-Immobilie aus der Familie Benjamin, über ihren deutschen Anwalt Klage beim Wiedergutmachungsamt in Berlin auf Restitution ihres einstigen Besitzes ein. Die Möglichkeit dazu eröffnete ihr eine alliierte Anordnung für Groß-Berlin vom 26. Juli 1949, die den Weg ebnete für die Rückerstattung von Vermögenswerten, die Personen »in der Zeit vom 30. Januar 1933 bis 8. Mai 1945 aus Gründen der Rasse, Religion, Nationalität oder politischen Überzeugung entzogen worden«[324] waren.

Mit ihrer Klage forderte sie, erneut als Eigentümerin des Anwesens im Grundbuch eingetragen zu werden, sämtliche Nutzungsrechte zurückzuerhalten sowie die Abtretung »aller Ersatzansprüche …, welche sich aus der Kriegszerstörung des Hauses ergeben können«, an sie. Im Gegenzug war sie bereit, den gezahlten Kaufpreis, »soweit« er in ihre »freie Verfügung … gelangt«[325] sei, zurückzuerstatten. In einem späteren Schreiben schob ihr Rechtsanwalt dann noch nach, dass sich seine

Mandantin »nur hilfsweise« mit einer »Geldentschädigung«[326] zufrieden geben würde. Diese Ergänzung trug der Tatsache Rechnung, dass die Klage je nach Interpretation der so genannten Rückerstattungsanordnung (kurz REAO) unterschiedlich entschieden werden konnte.

Der Artikel 3 ging grundsätzlich von der Vermutung einer »ungerechtfertigten Entziehung«, d. h. einer ›Arisierung‹, aus, wenn es sich bei dem Verkäufer um einen Juden handelte: wenn die »Veräußerung«, wie es wörtlich heißt, »durch jemanden« erfolgte, »der zu einem Personenkreis gehörte, den in seiner Gesamtheit die deutsche Regierung oder die NSDAP durch ihre Maßnahmen ... vom kulturellen und wirtschaftlichen Leben Deutschlands auszuschließen beabsichtigte.«[327] Der Artikel 23 hingegen zieht anstelle der Rückerstattung »eine angemessene Ersatzleistung«, also etwa eine finanzielle Entschädigung, in Betracht, wenn »ein entzogener Vermögensgegenstand« in der Zwischenzeit »wesentlich verändert und im Wert dadurch erheblich gesteigert worden«[328] sei. Und um diese Unterscheidung ging es substantiell in einer juristischen Auseinandersetzung, die sich über mehr als sechs (!) Jahre hinzog.

In erster Instanz wollten die Richter Kellners Maximalforderung in keiner Weise entsprechen. Und das, obwohl auch sie »zweifelsfrei« (!) feststellten, dass es sich in ihrem Fall um »eine ungerechtfertigte Entziehung im Sinne«[329] des oben zitierten Artikels 3 der REAO handele. Am Ende aber entschieden sie dann nach dem Artikel 23 und rechneten dabei den Wert der Immobilie zum Zeitpunkt ihres Verkaufs 1936 derartig herunter, dass sie der Klägerin lediglich einen ›Wiedergutmachungs‹-Anspruch von 20 Prozent am Anwesen einräumen wollten[330]. Diesen fundamentalen Widerspruch ihrer Sentenz legte bereits die Urteilsschelte bloß, mit der übergeordnete Richter die Entscheidung kassierten. Ihre Kritik wies den Kollegen nicht nur zahlreiche Versäumnisse nach – von ungenügender Aufklärung der Sachverhalte über rechtsirrtümliche Begründungen bis hin zur Missachtung voraufgegangener Urteile –, sondern schrieb ihnen auch ins Stammbuch, dass die »REAO in erster Linie ein Rückerstattungs- und kein Entschädigungsgesetz«[331] sei.

Aus welchen Gründen sich Dora Sophie Kellner am Ende doch auf einen Vergleich einließ, mit dem ihr eine Entschädigung zugesprochen wurde, ist aus den Akten nicht ersichtlich. Es werden kaum die

12 000 D-Mark gewesen sein, die ihr damit zugesprochen wurden, auch wenn das immerhin noch mehr war, als den meisten Nazi-Verfolgten von deutschen Gerichten zuerkannt wurden, die ebenfalls auf Rückerstattung ihrer zwischen 1933 und 1945 geraubten Besitztümer geklagt hatten. Vielleicht war es Resignation ob der Verschleppungstaktik der Beklagten, die sie ermüdet hatte. Oder Erbitterung über eine Wieder›gut‹machung, deren Begleitumstände dieses Wort einfach nicht verdienten. Vielleicht aber war es auch nur der Wunsch, endlich einen Schlussstrich zu ziehen. Denn mit dem Verzicht auf die Rückgabe ihres einstigen Eigentums zerschnitt Dora Sophie Kellner das letzte Band mit der Stadt Berlin, in der sie mit Unterbrechungen fast ein Vierteljahrhundert gelebt hatte. Nicht von ungefähr datierte ihr letzter Besuch dort aus der Zeit dieser unerquicklichen juristischen Auseinandersetzungen.

DIE EIGENTÜMER DER GRUNEWALD-IMMOBILIE 1897 BIS 1959

1897 im *November* ersteht der damalige Gerichtsassessor Heinrich Dernburg das Grundstück von der *Kurfürstendamm-Gesellschaft*;

1899 im *Mai* erwirbt der »Wirkliche Geheime Oberregierungsrat« Carl Christian Lüders die Immobilie, die er nur einen Monat später, im *Juni*, an den Bildhauer Harro Magnussen weiterveräußert;

1908 nach dem Selbstmord Magnussens im *November* wird sein damals noch minderjähriger Sohn Hans Eigentümer der Villa, die treuhänderisch von der Mutter verwaltet wird;

1909 mit dem Tod von Hans Magnussen im *Dezember* erbt Eleonore Magnussen, geb. Lesker, das Anwesen;

1918 im *März* erwirbt der Rentier Emil Benjamin die Immobilie;

1926 mit dem Tod Emil Benjamins im *Juli* werden seine Witwe Pauline, geb. Schoenflies, sowie die gemeinsamen Kinder Walter, Georg und Dora »in ungeteilter Erbengemeinschaft« Eigentümer der Delbrück-/Jagowstraße;

1930 mit dem Ableben ihrer Mutter im *November* geht die Villa in den Besitz der Geschwister Walter, Georg und Dora Benjamin »in ungeteilter Erbengemeinschaft« über;

1932 im *Februar* beantragt Dora Sophie Kellner die Zwangsversteigerung der Immobilie, die die Geschwister Benjamin dadurch abwenden, dass sie ihrer Schwägerin im *Mai* das Anwesen verkaufen;

1936 im *Juni* veräußert Dora Sophie Kellner Gebäude und Grundstück an den Danziger Holzkaufmann Reinhold Brambach;

1945 mit Reinhold Brambachs Tod im *November* geht die Immobilie in den Besitz seiner Töchter Christa Quecke, Hildegard Loesdau und Ruthtraut Falk »in ungeteilter Erbengemeinschaft« über;

1951 im *März* reicht Dora Sophie Kellner Klage gegen die Brambach-Erben auf Restitution ihres einstigen Besitzes im Grunewald ein;

1957 im *Mai* endet die über sechsjährige juristische Auseinandersetzung mit einem Vergleich; Dora Sophie Kellner wird abgefunden, und die Brambach-Erbinnen bleiben im Besitz der Immobilie;

1959 im *Dezember* überschreiben Christa Quecke und Hildegard Loesdau ihre Anteile an der Immobilie der Schwester Ruthtraut Falk.

DIE BEWOHNER DER DELBRÜCK-/JAGOWSTRASSE 1900 BIS 1943

Das nachfolgende Verzeichnis wurde auf der Basis der Berliner Adress- und Telefonbücher sowie standesamtlicher Urkunden erstellt. Zu einigen Bewohnern konnten keine näheren Einzelheiten ermittelt werden. Bei den mit einem hochgestellten »x« (»ˣ«) versehenen Jahreszahlen handelt es sich um errechnete Daten, wie sie sich etwa aus den Altersangaben in Sterbeurkunden ergeben. Kursiv gesetzte Namen verweisen auf einen entsprechenden Eintrag in diesem Verzeichnis.

Bathelt, Egon: Vermutlich handelt es sich um einen 1910 geborenen und noch in den letzten Kriegstagen an unbekanntem Ort gefallenen Handelsvertreter, der auf dem alten Potsdamer Friedhof Bornim beigesetzt wurde. Er war von 1940-1943 in der Jagowstraße 2 gemeldet.

Bechler, Ernst, 1886/Karlsruhe – 1959/Berlin: Der Architekt und zeitweilige Inhaber eines Berliner Baugeschäfts war 1936-1938 der Verantwortliche für die Umbauten des 1933 geschlossenen Renaissance-Theaters in der Charlottenburger Hardenbergstraße, in das u. a. die NS-Reichsschrifttumskammer einzog. Er wohnte 1939 in der Jagowstraße 2.

Benjamin, Dora, 1901/Charlottenburg – 1946/Zürich: Abgesehen von Studiensemestern in Heidelberg, Jena und Greifswald wohnte die Tochter *Emil Benjamins* ununterbrochen von 1911-1933 in der Delbrückstraße 23. Auch nach ihrer Emigration, 1933, logierte sie noch bei gelegentlichen Deutschland-Aufenthalten im Grunewald bei ihrer Schwägerin *Dora Sophie Kellner.*

Benjamin, Emil, 1856/Köln – 1926/Berlin: Im Jahre 1911 zunächst als Mieter mit seiner Familie in der Delbrückstraße 23 eingezogen, wurde er 1918 Eigentümer der Immobilie. Er lebte hier bis zu seinem Tode.

Benjamin, Georg, 1895/Berlin – 1942/Mauthausen: Der spätere Arzt wohnte, mit Unterbrechungen durch Kriegs- und Studienjahre, von 1911 bis vermutlich 1926, dem Jahr seiner Verheiratung, in der Delbrückstraße 23.

Benjamin, Stefan, 1918/Bern – 1972/London: Der spätere Londoner Antiquar, Sohn *Walter Benjamins* und *Dora Sophie Kellners*, lebte von 1920-1935 in der Delbrückstraße 23.

Benjamin, Walter, 1892/Berlin – 1940/Port Bou, Spanien: Der Literaturkritiker und Philosoph wohnte, mit Unterbrechungen durch Studienjahre in Freiburg/Br., München und Bern, von 1911-1930 in der Delbrückstraße 23.

Bogedain, Eduard, 1859ˣ/Brostau, Krs. Glogau – 1929/Berlin: Der Schornsteinfegermeister wohnte mit seiner Ehefrau Auguste Stimming (1865ˣ/Nauen, Krs. Osthavelland – 1919/Grunewald), von 1915-18 in der Delbrückstraße 23. Dann zog er in die nahegelegene Hubertusallee 1.

Borck, Lonny, 1906/Swettenham, Britisch-Indien – 2002/Bettingen, Schweiz: Sie war die Witwe des Facharztes für Innere Medizin Heinrich Pechstein. Das Ehepaar lebte zunächst in einer eigenen Villa in der Delbrückstraße 13-17, deren wertvolles Inventar die Witwe nach dem Tod ihres Gatten verkaufte[332]. Von 1938-1943 war sie in der Delbrückstraße 23 gemeldet.

Buttmann, Karl, *1906/Danzig: Der Architekt war von 1941-1943 in der Jagowstraße 2 gemeldet.

Byk, Rudolf, 1887/Berlin – 1937/ebd.: Der Rechtsanwalt und Notar, ein entfernter Verwandter der Familie Schoenflies, wohnte von 1931-1934 in der Delbrückstraße 23 mit seiner Ehefrau Gertrude Fleischer

(1905/Göppingen – 1941/London) und seinem Sohn Peter (1928/Berlin – 2000/London).

Dielitz, Theodor, 1836/Berlin – 1916/Schmargendorf: Der Gymnasiallehrer und Direktor des Berliner Sophien-Gymnasiums war von 1904-1912 in der Delbrückstraße 23 gemeldet, wo er sich vornehmlich im Sommer aufhielt, zeitweilig wohl auch in Gesellschaft seiner Ehefrau Maria Lindner (1849/Berlin –1936/ebd.) sowie der beiden Töchter Else (1868/Berlin – 1927/ebd.) und Elfriede Dielitz (1881/Berlin – 1932/ebd.).

Doermer, Hartmut, 1912/Elberfeld – 1972/Frankfurt/M.: Der damals noch in der Ausbildung befindliche, spätere Arzt wohnte von 1936-1937 mit seiner Ehefrau, der Schauspielerin *Ruth von Zerboni di Sposetti*, in der Delbrückstraße 23. Hartmut Doermer ist der Vater des Schauspielers Christian Doermer (*1935/Rostock).

Ebbinghaus, Carl, 1872/Hamburg – 1950/Schloss Neuburg a. Inn: Der Bildhauer wohnte von 1910-1913 in der Delbrückstraße 23.

Emge, Carl August, 1886/Hanau – 1970/Bad Honnef: Der Philosoph und Hochschullehrer war von 1937-1943 in der Delbrückstraße 23 gemeldet, wo er vermutlich mit Ehefrau Paula Küch (1892/Hanau – 1973/Bad Honnef) und Sohn Martinus Emge (1921/Gießen – 2013/Bonn) lebte.

Feierabend, Erdmann: Über den »Stabsamtswalt a. D.«, der von 1940-1943 in der Jagowstraße 2 gemeldet war, ließ sich nichts Näheres ermitteln.

Fernow, Helene, 1863/Bromberg – 1944/Wiesbaden: Die Lehrerin und spätere Schuldirektorin gehörte zu den frühesten Mietern in der Delbrückstraße 23, wo sie freilich nur ein Jahr lang wohnte (1902).

Fiori, Ernesto de, 1884/Rom – 1945/São Paulo: Der international renommierte Bildhauer war von 1923-1924 in der Delbrückstraße 23 gemeldet.

Fock, Julius, 1861/Eventin, Krs. Schlawe – 1914/Rügenwalde: Der Arbeiter und Gastwirtssohn war 1902-1903 Portier und Verwalter des Anwesens in der Delbrückstraße 23. Hier lebte er mit seiner Frau, der Näherin Lisette Paetsch (1866/Schippenbeil, Krs. Friedland – 1941/Berlin), und seinen drei Kindern, Ida (1894/Berlin – 1990/Uelzen), Paul (*1898/Berlin) sowie Helene Fock (1902/Grunewald – 1979/Berlin), die sogar in der Delbrückstraße geboren wurde.

Freund, Otto, *1885/Saaz, Böhmen: Der jüdische Opernsänger heiratete 1929 *Irene Schön* und dürfte mit ihr, abgesehen von auswärtigen Engagements, bis mindestens 1932 in der Jagowstraße 2 gewohnt haben. Mit dem Anbruch des NS-Regimes floh das Ehepaar in die Schweiz und emigrierte von dort aus nach Kanada, wo sich ihre Lebensspuren verlieren.

Freyhan, Hans, 1887/Berlin – 1956/London: Der Kaufmann und Fabrikdirektor wohnte von 1934-1936 mit seiner Ehefrau Else Simonis (1899/Belgard – 1981/London) sowie den beiden Kindern Eva (*1922/Berlin) und Ernst Jürgen Freyhan (*1923/Berlin) in der Delbrückstraße 23. Nach dem November-Pogrom 1938 flüchtete die Familie nach England.

Gentsch, Reinhold: Der Portier des Anwesens war lediglich 1906 in der Delbrückstraße 23 gemeldet. Näheres über ihn ließ sich nicht ermitteln.

Goßmann, Johanna, 1855/Berlin – 1926/ebd.: Die Tochter des bekannten Buchhändlers und einstigen Verlegers der *Spener'schen Zeitung*, Julius Goßmann, sowie Witwe des Reichsgerichtsrats Moritz Kastan wohnte 1926 in der Delbrückstraße 23[333], wo sie auch verstarb.

Harlan, Walther, 1867/Dresden – 1931/Berlin: Der Schriftsteller gehörte zu den frühesten Mietern in der Delbrückstraße 23. 1902 zog er hier mit Gattin Adele Boothby (1871/Hamburg – 1935/Berlin) und den Kindern Margarete Esther (1895/Leipzig – 1980/Exterthal), Peter (1898/Charlottenburg – 1966/Burg Sternberg), Veit (1899/Charlottenburg – 1964/Capri, Italien), sowie Fritz Moritz Harlan (1901/Charlottenburg – 1970) ein. 1906 bezog er dann eine eigene Villa in der Grunewalder Kunz Buntschuhstraße 10.

Hasewinkel, Bernhard, 1863/Pasewalk – 1917/Buch bei Berlin: Der Steinmetz war 1908 Hauswart des Anwesens in der Delbrückstraße 23.

Hebecker, Karl, 1911/Aue – 1992/Berlin: Der Diplom-Ingenieur und Architekt war von 1941-1943 in der Jagowstraße 2 gemeldet.

Jeschal, Hedwig, 1872/Berlin – 1949/ebd.: Die Witwe des Klempnermeisters Karl Kühne war 1939 in der Jagowstraße 2 gemeldet.

Kastan, Hans, 1881/Neustadt, Oberschlesien – 1929/Prenzlau: Der Kursmakler war ein Sohn von *Johanna Goßmann*. Er wohnte von 1925-1926 in der Delbrückstraße 23.

Kaufmann, Laura, 1861/Brooklyn, New York – 1944/Los Angeles: Die Witwe des jüdischen Rechtsanwalts, Notars und Justizrats Eugen Kallmann wohnte von 1906-1912 mit ihren Kindern Charlotte (1884/Berlin – 1938/ebd.), Kurt (1885/Charlottenburg – 1974/Los Angeles) und Johannes Kallmann (1899/Grunewald – 1952/Baden-Baden)[334] in der Delbrückstraße 23.

Kautz, Georg: Über den Oberregierungsrat, der von 1939-1940 in der Delbrückstraße 23 wohnte, war nichts Zweifelfreies zu ermitteln[335].

Kellner, Dora Sophie, 1890/Wien – 1964/London: Die Journalistin und Ehefrau von *Walter Benjamin* wohnte mit Unterbrechungen von 1920 bis zum Verkauf der Immobilie, 1936, in der Delbrückstraße 23, gemeinsam mit ihrem Sohn *Stefan Benjamin* sowie zeitweilig auch mit ihrer Mutter Anna Weiss (1861/Bielitz – 1941/Jerusalem).

Kieselbach, Albert, *1881/Alt Blessin, Krs. Königsberg i. d. Neumark: Der Schlosser wohnte mit seiner Ehefrau Ida Ebert (1878/Sparower Mühle, Mecklenburg – 1936/Berlin) und der offenbar einzigen Tochter Elfriede Kieselbach (1906/Charlottenburg – 1953/Berlin) von 1910-1918 in der Delbrückstraße 23 und war zeitweilig (1916-1918) auch Verwalter des Anwesens.

Krech, E.: Über die Witwe, die dem Grunewalder Straßenverzeichnis nach 1936, 1938 und 1940 in der Delbrückstraße 23 gemeldet war, ließ sich nichts Näheres ermitteln. Ihr Name ist in keinem *Einwohner*verzeichnis der Berliner Adressbücher 1935-1943 aufgeführt.

Kröger, Erich, *1910/Altenbeken, Westfalen: Der Arzt war im Jahre 1939 in der Jagowstraße 2 gemeldet.

Kupsch, Felix, 1883/Berlin – 1969/ebd.: Der Bildhauer war von 1935-1943 Mieter einer Wohnung in der Delbrückstraße 23, in der seine Ehefrau Anna Krüger (1880/Magdeburg – 1940/Berlin) 1940 verschied.

Lehmann, Emma: Über die unverheiratet gebliebene Rentiere, die zu den frühesten Einliegern der Delbrückstraße 23 (1902-1906) gehörte, ließ sich nichts Näheres ermitteln.

Lehmann, Ernst: Über den Diplom-Ingenieur und Architekten, der im Jahre 1913 in der Delbrückstraße 23 wohnte, ließ sich nichts Zweifelfreies ermitteln. Möglicherweise handelt es sich bei ihm um einen Sohn von *Hermann Lehmann* namens Ernst Hermann (*1877/Berlin).

Lehmann, Hermann, 1847/Berlin – 1939/Neuruppin: Der Kursmakler und Mitbegründer der Berliner Maklerkammer wohnte mit seiner Ehefrau Jenny Schäffer (1856/Berlin – 1929/Neuruppin) von 1912 bis mindestens 1923 in der Delbrückstraße 23.

Lesker, Eleonore, 1868/Stuttgart – 1933/München: Die Ehefrau des Bildhauers *Harro Magnussen* lebte von 1900-1908 in der Delbrückstraße 23, Ecke Jagowstraße 2. Sie verließ den Grunewald bereits vor dem Selbstmord ihres Gatten und lebte danach in München, zusammen mit ihrem Sohn Hans (Harro Otto) Magnussen (1889/Berlin – 1909).

Liagre, Albert de: Über den Kaufmann und ehemaligen »königlich Niederländischen Vize-Konsul«, der von 1932-1935 in der Jagowstraße 2 gemeldet war, ließ sich nichts Näheres ermitteln.

Liesegang, Otto: Über den Malermeister, der von 1904-1905 in der Delbrückstraße 23 wohnte und sowohl Portier als auch Verwalter des Anwesens war, ließ sich nichts Näheres ermitteln.

Lohmeyer, Eduard: Über den Kaufmann, der zu den frühesten Mietern in der Delbrückstraße 23 gehörte (1901-1902), ließ sich nichts Näheres ermitteln.

Lüttwitz, Lidy von, 1902/Berlin – 1996/Altenhohenau bei Wasserburg a. Inn: Die Bildhauerin wohnte von 1936-1937 in der Delbrückstraße 23.

Magnussen, Harro, 1861/Hamm bei Hamburg – 1908/Grunewald: Der Bildhauer ließ den Gebäudekomplex in der Delbrückstraße 23, Ecke Jagowstraße 2 erbauen und lebte hier zusammen mit seiner Ehefrau *Eleonore Lesker* und dem gemeinsamen Sohn Hans Magnussen (1889/Berlin – 1909) von 1900-1908.

Meissner, Heinrich, 1873/Ellguth, Krs. Grottkau – 1947/Hirschfelde: Der vormalige Straßenbahnschaffner war mit zweijähriger Unterbrechung (1920 und 1934) von 1919-1940 Portier und Verwalter (1929) der Delbrückstraße 23. Hier wohnte er mit seiner Ehefrau Martha Schönemann (1879/Bernburg – 1964/Strausberg) und – bis zu dessen Verheiratung, 1930 – seinem offenbar einzigen Sohn Erich Meissner (1903/Charlottenburg – 1998/Strausberg).

Möller, Fritz, 1889/Leipzig – 1947/an unbekanntem Ort in russischer Kriegsgefangenschaft: Der Oberleutnant gelangte nach dem Ersten

Weltkrieg mit seiner Ehefrau Alice Reimarus (1896/Seckenheim, Rheinau – 1997/Berlin) nach Berlin, wo er sich als Versicherungsagent durchschlug. Er wohnte von 1920-1932 in der Delbrückstraße 23.

Müller, Harald, 1895/Zwickau – 1982/Aachen: Der Elektrotechniker, Ingenieur und zeitweilige Dozent für Elektrotechnischen Maschinenbau an der TU Dresden (1939-1945) war von 1936-1943 in der Delbrückstraße 23 gemeldet.

Oesten, Paul, 1874/Berlin – 1936/ebd.: Der Bildhauer war von 1911 bis zu seiner Verheiratung 1913 Mieter einer Wohnung in der Delbrückstraße. Ansonsten unterhielt er von 1911-1919 sein Atelier in der Jagowstraße 2.

Pfeiffer, Wilhelmine, 1835[x]/Stallupönen – 1916/Grunewald: Die Rentiere, Witwe des Druckereibesitzers und Verlagsbuchhändlers Eduard (Heinrich Bernhard) Krause, wohnte von 1908-1909 in der Delbrückstraße 23. Mit ihrem Umzug wollte sie möglicherweise ihrer Tochter (Henriette) Martha (Sophie) näher sein, die, verheiratet mit dem Geschäftsmann Cornelius (Carl John) Meyer, im Nachbarhaus Jagowstraße 4 wohnte[336]. 1910 zog Minna Krause in die Jagowstraße 10 zu ihrer ältesten Tochter, der Malerin Lina (eigtl. Friederike Caroline Emilie) Krause.

Praetorius, Hans, 1883/Berlin – 1947/Mühlberg: Der Kursmakler und Reserveoffizier wohnte mit seiner ersten Gattin (Charlotte Louise) Margarethe Fregin (*1885/Steglitz) und dem gemeinsamen Sohn Heinz Praetorius (1912/Wilmersdorf – 1939/Swinemünde) von 1914-1933 in der Delbrückstraße 23. Er starb 1947 in dem zwischen Riesa und Torgau an der Elbe gelegenen ehemaligen NS-Kriegsgefangenenlager und nachmaligen sowjetischen Speziallager Mühlberg.

Richter, Werner, 1893/Zittau – 1944/Riga: Der Berufsoffizier wohnte lediglich an der Jahreswende 1937/38 in der Delbrückstraße 23, als er zu einem Lehrgang der Wehrmachtsakademie in Berlin weilte. Ob ihm auch seine Ehefrau, die Offizierstochter Luise Annemarie Agricola, sowie die beiden Kinder, Wolf-Achim und Erika Richter, in den Grunewald folgten, erschließt sich nicht aus den Akten.

Schoenflies, Pauline, 1869/Landsberg a. W. – 1930/Berlin: Die Ehefrau von *Emil Benjamin* wohnte von 1911 bis zu ihrem Tod 1930 in der Delbrückstraße 23.

Schön, Irene, *1906/Werdau, Sachsen: Ihr Name taucht u. a. in den Bauakten des Grunewald-Anwesens auf. 1925 kam ihre Familie mit *Emil Benjamin* überein, eines der ehemaligen Ateliers auf eigene Kosten zu einem Appartement umzubauen. Im Gegenzug wurde ihr dafür ein fünfjähriges mietfreies Wohnen (von 1927-1932) eingeräumt. Als sie 1929 den jüdischen Opernsänger *Otto Freund* ehelichte, der seinerzeit ein Engagement an der Berliner Staatsoper hatte, weist die Heiratsurkunde ihren Wohnsitz in der Tat mit »Jagowstraße 2« aus. In den Adressbüchern Berlins jedoch sind weder sie noch ihr Ehemann namentlich unter dieser Anschrift verzeichnet.

Schönebeck, Paul: Der Portier des Anwesens war lediglich 1907 in der Delbrückstraße 23 gemeldet. Näheres ließ sich nicht über ihn ermitteln.

Schrader, Max, 1859/Frankfurt a. d. O. – 1939/Berlin: Der Kaufmann besaß im Grunewald ein Bank-Kommissionsgeschäft. Von 1929-1934 wohnte er in der Delbrückstraße 23, zusammen mit seiner Ehefrau Catharine Schraubeck (1858/Berlin –1934/ebd.), die hier auch verstarb, sowie zeitweilig wohl auch mit seinen Kindern Elfriede (*1891/Berlin) und Wilhelm Schrader (*1893/Berlin)[337].

Simons, Julie, 1870/Bromberg – nach 1943[338]: Die unverheiratet gebliebene Lehrerin gehörte zu den frühesten Mieterinnen der Delbrückstraße 23, in der sie von 1901-1906 gemeldet war.

Sobkiewicz, Tadäus Nikolaus[339], *1900/Wilmersdorf: Der Kaufmann handelte mit kosmetischen Produkten. Nach seiner Verheiratung (1936) zog er in die Delbrückstraße 23, wo er mit seiner Ehefrau, der »Korrespondentin« Stefanie Nowacki (1900/Berlin – 1993/Bleckede), von 1937-1943 gemeldet war.

Thyssen, Thyge (Truelsen), 1891/Scherrebek, Krs. Hadersleben – 1972/Kiel: Der promovierte Kammerdirektor gelangte im Mai 1935 mit seiner Ehefrau Kathrine Marie Stehr (*1893/Bredebro, Krs. Tondern) sowie den Kindern Thyge (Truelsen) [jun.] (1921/Rendsburg – 1941/Cholmy, Russland) und Frauke Elisabeth Thyssen (*1922/Rendsburg) nach Berlin. Von 1936-1943 war er in der Delbrückstraße 23 bzw. Jagowstraße 2[340] gemeldet.

Tirschtigel, Heinz, 1895/Berlin – 1941/ebd.: Der promovierte Staatswissenschaftler und Kaufmann wohnte von 1939-1941 mit seiner zweiten Ehefrau Olga von Grawert (1895/Braunschweig – 1988) sowie den gemeinsamen Kindern Georg Heinrich (*1933/Berlin) und Maria Tirschtigel (1936/Berlin – 1943/ebd.) in der Jagowstraße 2. Seine Witwe lebte dort noch bis mindestens 1943. Dann zog sie mit ihrem Sohn zu ihrer Mutter (Johanna) Elisabeth von Witzleben nach Schmargendorf.

Troplowitz, Max, 1867/Berlin – 1935/ebd.: Der Grundstückskaufmann, über den 1899 der Verkauf des Areals in der Delbrückstraße 23, Ecke Jagowstraße 2 lief, war wenigstens 1907 unter dieser Adresse gemeldet und wohnte hier wohl mit seiner Ehefrau Else Meye (1873 – 1950/London) und den beiden gemeinsamen Kindern Lily (1892/London – 1966/ebd.) und Erna Troplowitz (*1896/Berlin).

Wiegmann, Fritz, 1902/Köslin – 1973/Berlin: Dem Berliner Adressbuch nach wohnte der Maler und Zeichenlehrer nur 1933 in der Delbrückstraße 23, möglicherweise aber war er hier schon zu Beginn der 1930er Jahre eingezogen.

Wildgrube, Paul, 1877/Pressel, Krs. Torgau – 1934/Berlin: Vermutlich handelt es sich um den Rohrleger und Hausdiener dieses Namens, der 1909 Portier und Verwalter des Anwesens in der Delbrückstraße 23 war. Er wohnte hier mit seiner Ehefrau Margarethe Renner (1876/Güstrow – 1947/Berlin) und seinen beiden Kindern Editha (*1902/Berlin) und Gertrud Wildgrube (1904/Lichtenberg – 1970/Berlin).

Wojahn, Emmy: Über die Witwe, die von 1934-1936 in der Delbrückstraße 23 gemeldet war, ließ sich nichts Näheres ermitteln.

Zerboni di Sposetti, Ruth von, 1903/Wilhelmsgrund bei Rawitsch, Posen – 1991/München: Die Schauspielerin wohnte von 1936-1937 mit ihrem zweiten Ehemann, dem Arzt *Hartmut Doermer*, in der Delbrückstraße 23. Sie ist die Mutter des Schauspielers Christian Doermer (*1935/Rostock) sowie der Schauspielerin Ulrike Behrmann von Zerboni (*1940/Las Palmas).

ANMERKUNGEN

Der Lesbarkeit halber sind Textauslassungen lediglich durch drei Punkte und ohne ekkige Klammern gekennzeichnet. Fehlt in den Zitatnachweisen ein Verfassername oder ein Verfassersigel, so bedeutet das, die in Frage stehende Veröffentlichung ist ungezeichnet. Ansonsten wurden in den Anmerkungen, abgesehen von den Abbreviaturen (wie ›Jg.‹, ›Nr.‹, ›S.‹ etc.), folgende Abkürzungen und Siglen verwendet:

*	geboren
BBZ	Berliner Börsen-Zeitung
BTB	Berliner Tageblatt und Handels-Zeitung
BVZ	(Berliner) Volks-Zeitung
DLA	Deutsches Literaturarchiv, Marbach/N.
GE	Grunewald-Echo
GStA	Geheimes Staatsarchiv Preußischer Kulturbesitz, Berlin
NL	Nachlass
WBA	Walter-Benjamin-Archiv der Akademie der Künste, Berlin
unveröff.	unveröffentlicht

1 Werner Kraft, *Zeit aus den Fugen. Aufzeichnungen.* Frankfurt/M. 1968, S. 201.

2 J[ohn] B[ooth], *Die Gründung der Villenkolonie Grunewald.* In: Adressbuch für Grunewald-Halensee nebst Berliner Verkehrs-Lexicon. Mit Plan von Grunewald-Halensee und Verkehrsplan von Berlin. Erstes Semester. [Grunewald] 1899, S. I-XVIII; zit. S. XVIII.

3 *Zeittafel.* In: 100 Jahre Villenkolonie Grunewald. 1889-1989. Mit Beiträgen von: Kristina Behnke, Hella Dunger-Löper, Helga Gläser, Wilma Glücklich, Harald Howe, Rainer Latour, Karl-Heinz Metzger, Thomas Nagel. Berlin 1988, S. 179-183; zit. S. 179.

4 Oswald Kohut, *Als der Grunewald eines Tages als Villenkolonie erwachte.* In: 100 Jahre Villenkolonie Grunewald, a.a.O., S. 15-35; zit. S. 32-34; Hervorhebungen vom Autor, M. B.

5 Heinrich Seidel, *Erzählende Schriften.* Zweiter Bd. *Vorstadtgeschichten. I.* Stuttgart 1899, S. 271; Hervorhebungen vom Autor, M. B.

6 Walter Benjamin, *Werke und Nachlaß.* Kritische Gesamtausgabe. Im Auftrag der Hamburger Stiftung zur Förderung von Wissenschaft und Kultur hrsg. von Christoph Gödde und Henri Lonitz in Zusammenarbeit mit dem Walter Benjamin Archiv. Bd. 19. Hrsg. von Gèrard Raulet. Berlin 2010, S. 115.

7 Doro Heinze, *Der Grunewald – eine Kolonie der Millionäre.* In: Die Villenkolonie Grunewald – Häuser und Leute damals und heute. Bd. II. Veröffentlichungen aus dem Gemeindeblatt der evangelischen Kirchengemeinde Grunewald. Redak-

tion, Zusammenstellung und Gestaltung: Helga Frisch. [Berlin] 2000, S. 16-20; alle Zit. S. 17.

8 *Das Kaiserpaar beim Bildhauer Harro Magnussen.* In: GE, Nr. 48 vom 26.2.1902, S. [1].

9 *[Das Kaiserpaar besuchte am Montag die Künstlerwerkstatt des Herrn Bildhauers Harro Magnussen, Delbrückstr. 23.]* In: GE, Nr. 3 vom 18.1.1903, S. [1].

10 Vgl. Gerd Wietek, *Der Friesenmaler C. C. Magnussen.* Wolfshagen-Scharbeutz 1954.

11 Eine schwarz-weiße Reproduktion des Werkes findet sich in Ernst Schlee, *Christian Carl Magnussen. Ein Künstlerschicksal aus der Kaiserzeit.* Husum 1991, S. 136/137.

12 Zur Geschichte der mütterlichen Familie Harro Magnussens vgl. Otto Beneke, *Geschichte und Genealogie der Familie Lorenz Meyer in Hamburg.* Im Auftrage des Herrn Senator Georg Christian Lorenz Meyer aus urkundlichen und authentischen Nachrichten verfaßt und hrsg. (Als Manuscript gedruckt.) Hamburg 1861.

13 Harro Magnussen, *Christian Karl Magnussen.* In: Zeitschrift für bildende Kunst, N. F., Jg. 17 [41] (1906), H. 5, S. 109-116, zit. S. 111.

14 Vgl. E. Schlee, *Christian Carl Magnussen*, a.a.O., S. 24.

15 H. Magnussen, *Christian Karl Magnussen*, a.a.O., S. 115.

16 Harro Magnussen, Brief vom 1.2.1881 an Hermann Allmers; unveröff., Archiv des Landkreises Cuxhaven, NL Hermann Allmers, MA 4-4a.

17 Hermann Allmers, *Briefwechsel mit Freunden im Nordwesten. Briefwechsel II.* Im Auftrag der Hermann-Allmers-Gesellschaft hrsg. von Hans Gerhard Steimer und Axel Behne. Bremen 2014, S. 485/486.

18 H. Magnussen, *Christian Karl Magnussen*, a.a.O., S. 113.

19 *[Der Kaiser hat gestern Nachmittag Harro Magnussen's …].* In: BTB, Nr. 33 vom 18.1.1899, S. [2-3]; alle Zit. S. 2.

20 Max G. Zimmermann, *Harro Magnussen.* In: Zeitschrift für bildende Kunst, N. F., Jg. 11 [35] (1900), Nr. 1, S. 1-10; zit. S. 2.

21 Agnes Schöbel, *Aus Tantalus' Geschlecht. Kampf und Ende eines Künstlers.* In: Westermanns Monatshefte, Jg. 68 (1923), Bd. 134, H. 803 [11], S. 489-495; zit. S. 490/491.

22 Vgl. Eckart Schörle, *Harro Magnussen (1861-1908). Ein Bildhauer der Jahrhundertwende zwischen Anpassung und Eigensinn.* In: Nordelbingen. Beiträge zur Kunst- und Kulturgeschichte Schleswig-Holsteins, Bd. 71 (2002), S. 75-110; insbes. S. 92.

23 Adolf Rosenberg, *Die Plastik auf der akademischen Kunstausstellung in Berlin.* In: Zeitschrift für bildende Kunst, N. F., Jg. 3 [27] (1892), H. 11, S. 249-257; zit. S. 255.

24 A[lbert] Römer, *Gespräche mit Harro Magnussen.* In: Hamburgischer Correspondent und »Neue Hamburgische Börsen-Halle«, Nr. 586 vom 16.11.1908, S. 2-3.; zit. S. 2.

25 *[Der Kaiser hat gestern Nachmittag Harro Magnussen's …]*, a.a.O., S. 2.

26 H. Allmers, *Briefwechsel mit Freunden im Nordwesten*, a.a.O., S. 730. Jahre später machte Agnes Schöbel aus dieser Zahl unglaubwürdige »40.000 Menschen«, die die Atelierausstellung besucht hätten: vgl. A. Schöbel, *Aus Tantalus' Geschlecht*, a.a.O., S. 494.

27 Harro Magnussen, Brief von ca. Mitte Januar 1899 an Unbekannt; unveröff., Schleswig-Holsteinische Landesbibliothek, Kiel, NL Groth F 5.

28 Harro Magnussen, Brief vom 28.1.1899 an das Geheime Zivilkabinett; unveröff, GStA, I HA Rep. 89 Nr. 31801/17.

29 Das Geheime Zivilkabinett, Brief (Entwurf) vom 27.1.1899 an Harro Magnussen; unveröff, GStA, I HA Rep. 89 Nr. 31801/15; eckige Klammern im Original.

30 Kraft-Eike Wrede, *Grunewalder Nachbarn: Die Familien Beutner und Magnussen*. In: Arbeitskreis Geschichte Wilmersdorf (Hrsg.), Grunewald … zur Geschichte der Villenkolonie. Berlin 2002, S. 204-219; zit. 212/213.

31 Hinweis von Prof. Laurenz Demps (Email vom 7.6.2021 an den Autor).

32 M. G. Zimmermann, *Harro Magnussen*, a.a.O., S. 7.

33 H. Allmers, *Briefwechsel mit Freunden im Nordwesten*, a.a.O., S. 743.

34 Vgl. ebd.

35 Eleonore Lesker, Brief vom 31.10.1899 an Hermann Allmers; unveröff., Archiv des Landkreises Cuxhaven, NL Hermann Allmers, MA 116.

36 Vgl. [Robert Curjel,] *Moderne Villen und Einfamilienhäuser: Sammlung moderner Wohngebäude, Villen und Einfamilienhäuser aus Stadt und Land ausgeführt von den ersten Architekten der Jetztzeit*. Berlin 1902, o. Pag.

37 Sowohl die Bauakte als auch das Grundbuch weisen die exakte Größe des Grundstücks mit 2306 Quadratmetern aus.

38 Vgl. *Kleine Notizen*. In: BTB, Nr. 224 vom 3.5.1899, S. [4]. Der Artikel spricht vom Erwerb eines 140 Quadratruten-Grundstücks, in Wahrheit aber war es gut 162 Quadratruten groß.

39 *Adressbuch für Grunewald-Halensee nebst Orts-Polizei-Verordnungen und Plan von Grunewald-Halensee*, Jg. 2/1901, S. 18.

40 Zu diesen verwandtschaftlichen Details vgl. David Kaufmann, *Aus Heinrich Heine's Ahnensaal*. Breslau 1896, S. 178-184 und S. 297-303, sowie Wilhelm Levison, *Die Siegburger Familie Levison und verwandte Familien*. Bonn 1952, S. 98-99 sowie die Tafeln IX und XI.

41 Vgl. Gershom Scholem, *Walter Benjamin und sein Engel. Vierzehn Aufsätze und kleine Beiträge*. Hrsg. von Rolf Tiedemann. Frankfurt/M. 1983, S. 128-157; insbes. S. 133.

42 Vgl. Walter Benjamin, *Werke und Nachlaß*, a.a.O., Bd. 11.1. Hrsg. von Burkhardt Lindner und Nadine Werner. Berlin 2019, S. 69.

Vgl. G. Scholem, *Walter Benjamin und sein Engel*, a.a.O., S. 133.

44 So auch an der Charlottenburger Kaiser-Friedrich-Schule, die Walter Benjamin von 1901 bis 1912 besuchte: vgl. [Alfred Zernecke,] *Kaiser-Friedrich-Schule (Städtisches Gymnasium und Realschule mit gemeinsamem Unterbau) zu Charlottenburg, 14. Bericht über das Schuljahr 1910[-1911]*. Charlottenburg 1911, S. 6.

45 Walter Benjamin, *Gesammelte Briefe.* Hrsg. vom Theodor W. Adorno Archiv. Bd. V. Hrsg. von Christoph Gödde und Henri Lonitz. Frankfurt/M. 1999, S. 236/237.

46 Vgl. Heinrich Heine, *Gedicht und Gedanke.* Auswahl und Nachwort von Werner Kraft. Berlin 1936.

47 W. Benjamin, *Gesammelte Briefe V*, a.a.O., S. 357.

48 Karl Kraus, *Heine und die Folgen*. München 1910, S. 7, 9 und 28.

49 *Actum Schermbeck in Magistratu, 14. Febr. 1797*; unveröff.; Gemeindearchiv Schermbeck, o. Sign.

50 *Aus der Geschichte der jüdischen Gemeinden im deutschen Sprachraum: Schermbeck (Nordrhein-Westfalen)*, URL: http://www.jüdische-gemeinden.de/index.php/gemeinden/s-t/1737-schermbeck-nordrhein-westfalen (abgerufen am 4.3.2023).

51 Andrea Kammeier, *Die ehemalige jüdische Gemeinde in Schermbeck*. Schermbeck 1982, S. 5.

52 Vgl. u. a. den Wikipedia-Artikel *Schermbeck*, URL: https://de.wikipedia.org/wiki/Schermbeck (abgerufen am 4.3.2023).

53 Die Geschichte der Ansiedlung Elias Benjamins in Schermbeck (und seiner Verheiratung mit Rösgen Mathias) ist unter Auswertung der erhalten gebliebenen Gemeindeakten von Andrea Kammeier und Wolfgang Bornebusch in ihrem Aufsatz *Die Geschichte der jüdischen Gemeinde in Schermbeck*, in: Heimatkalender des Kreises Wesel, Jg. 9 (1988), S. 122-129, detailliert nacherzählt worden (vgl. insbes. S. 122-124).

54 Andrea Kammeier-Nebel/Walter Schiffer, *Der Jüdische Friedhof in Schermbeck. Ein kleiner Leitfaden*. Dorsten 2017, S. 77. Wie vermögend Mathias Elias Benjamin war, lässt sich einerseits den amtlichen Mitteilungen über den hier erwähnten Konkurs gegen ihn im *Oeffentlichen Anzeiger* des *Amts-Blattes der Königlichen Regierung zu Düsseldorf* entnehmen, die penibel sein größeres Hab und Gut auflisten, das zur Zwangsversteigerung kam (vgl. die Nummern 65, 96, 105 und 114/1840 des Blattes); andererseits ist dieser Wohlstand auch an der Notiz über einen Diebstahl in seinem Haus abzulesen, die die bei dieser Gelegenheit entwendeten, wertvollen Gegenstände detailliert aufführt (vgl. *Sicherheits-Polizei.* In: Amtsblatt der Regiierung zu Düsseldorf, Nr. 4 vom 26.1.1831, S. 24).

55 A. Kammeier-Nebel/W. Schiffer, *Der Jüdische Friedhof in Schermbeck*, a.a.O., S. 26 (Grabstein-Inschrift Bertha Benjamin).

56 Vgl. die Nummern 7, 10, 12, 18, 33, 39 und 41/1840 des *Oeffentlichen Anzeigers* vom *Amts-Blattes der Königlichen Regierung zu Düsseldorf.*

57 Vgl. neben Scholems hier bereits zitierter Arbeit über *Ahnen und Verwandte Walter Benjamins* (in G. Scholem, *Walter Benjamin und sein Engel*, a.a.O., S. 128-157) vor allem Thomas Kaemmel (unter Mitarbeit von Philipp Sonntag), *Arthur Schoenflies. Mathematiker und Kristallforscher. Eine Biographie mit Aufstieg und Zerstreuung einer jüdischen Familie*. Halle 2006.

58 Vgl. zuletzt Howard Eiland/Michael E. Jennings, *Walter Benjamin: A Critical Life*. Cambridge/Mass., London 2014.

59 Vgl. Hilde Benjamin, *Georg Benjamin. Eine Biographie*, Leipzig 31987, Uwe-Karsten Heye, *Die Benjamins. Eine deutsche Familie*, Berlin 2014, sowie Bernd-Peter Lange, *Georg Benjamin. Ein bürgerlicher Revolutionär im roten Wedding*, Berlin 2019.

60 In der Literatur wie auch in amtlichen Dokumenten variiert die Schreibweise des Namens kontinuierlich zwischen „Jose(e)phy" und „Jose(e)phi".

61 Mila, *Anzeiger. Handels-Register des Königl. Amtsgerichts I. zu Berlin*. In: BBZ, Nr. 58 vom 4.2.1885, S. [15].

62 Vgl. Mila, *Anzeiger. Handels-Register des Königl. Amtsgerichts I. zu Berlin*. In: BBZ, Nr. 274 vom 16.6.1885, S. 18.

63 StA Berlin III, Heiratsurkunde Emil Benjamin/Pauline Elise Schönflies, Nr. 514/1891, S. [1]. Die Namens-Schreibweisen der Brauteltern schwanken in den amtlichen Dokumenten ständig zwischen ›Hirschfeld‹ und ›Hirschfeldt‹ bzw. ›Schoenflies(s)‹, ›Schönflies(s)‹ und ›Schönfließ‹.

64 So die Erinnerung ihrer Nichte Hilde Chodziesner, die sich darin auf Aussagen ihrer Mutter (und Schwester von Pauline Schoenflies) Elise beruft. Warum es dann zu keiner ehelichen Verbindung mit dem Maler kam, vermochte Hilde Chodziesner zum Zeitpunkt der Niederschrift ihrer Reminiszenzen nicht mehr zu sagen: vgl. Hilde Wenzel, Hilde: *Gertruds Ahnen (Auszug)*. In: Johanna Woltmann, Gertrud Kolmar. Leben und Werk. Göttingen 1995, S. 300-307, insbes. S. 306.

65 Zu den Details der verwandtschaftlichen Beziehungen vgl. Marina Sandig, *Die Liebermanns. Ein biographisches Zeit- und Kulturbild der preußisch-jüdischen Familie und Verwandtschaft von Max Liebermann*. Neustadt/Aisch 2005, S. 322/323, 376/377 u. 381-385).

66 G. Scholem, *Walter Benjamin und sein Engel*, a.a.O., S. 128.

67 Armin Eidherr, *Sefardim vs. Aschkenasim*. In: Handbuch jüdischer Kulturgeschichte, Kap. A.II.6. URL: http://hbjk.sbg.ac.at/kapitel/sefardim-vs-aschkenasim/ (abgerufen am 16.4.2018).

68 W. Benjamin, *Werke und Nachlaß 11.1*, a.a.O., S. 51.

69 Ebd., S. 12.

70 H. Wenzel, *Gertruds Ahnen (Auszug)*, a.a.O., S. 306.

71 *Berlin, den 7. Januar. [Die Direction der Brauerei Königstadt ...]* In: BBZ, Nr. 11 vom 7.1.1881, S. 12.

72 *Julius Wolff 1834-1910*. URL: https://www.vitalis-verlag.com/autoren/julius-wolff/ (abgerufen am 5.3.2023).

73 Vgl. C[arl] E[duard] Geppert, *Chronik von Berlin von Entstehung der Stadt an bis heute*. 3 Bde., Berlin 1839-1841.

74 *Berlin den 28. October. [– Die Wiederwahl des Dr. Stryck ...]* In: BBZ, Nr. 506 vom 28.10.1892, S. 2.

75 *Korrespondenzen und Nachrichten*. In: Allgemeine Zeitung des Judenthums, Jg. 58, Nr. 46 vom 16.11.1894, S. [1] der Beil. *Der Gemeindebote*.

76 Vgl. *Der Internationale Kongress für Frauenwerke und Frauenbestrebungen in Berlin, 19. bis 26. September 1896*. Eine Sammlung der auf dem Kongress gehalte-

nen Vorträge und Ansprachen. Hrsg. von der Redaktions-Kommission: Rosalie Schoenflies, Lina Morgenstern, Minna Cauer, Jeannette Schwerin, Marie Raschke. Berlin: Verlag von Hermann Walther (Friedrich Bechly), 1897.

77 *Anzeiger. Handels-Register des Königl. Amtsgerichts I zu Berlin.* In: BBZ, Nr. 156 vom 3.4.1888, S. 12.

78 Die nachfolgenden Ausführungen basieren auf einer Auswertung der Arbeiten von Hans Brendicke, *Rudolph Lepkes 1000. Katalog.* In: Mittheilungen des Vereins für die Geschichte Berlins, Jg. 12 (1895), Nr. 5, S. 46-48, und Georg Malkowsky, *Rudolph Lepke's Kunst-Auctions-Haus. Ein Beitrag zur Geschichte des Berliner Kunsthandels.* Berlin 1912, zahlloser Artikel der Amts-, Tages- und Wochenpresse sowie von Zeitschriften-Aufsätzen, die nur im Falle wörtlicher Zitierung detailliert nachgewiesen werden.

79 *[Als erfreuliches Zeichen…]* In: Die Presse (Wien), Nr. 247 vom 17.10.1849, S. 3.

80 *[Annonce.]* In: Privilegirte Nachrichten von und für Hamburg« (nachmals *Hamburger Nachrichten*), Nr. 212 vom 7.9.1846, S. 8.

81 Rudolph Lepke, *[Vorwort.]* In: Rudolph Lepke's Kunst-Auctions-Haus, Katalog von Oelgemälden und Aquarellen hervorragender alter und neuer Meister sowie von Antiken Kunstsachen … etc. Aus den Hinterlassenschaften: des Stadtrichters Friedländer zu Breslau, eines bekannten hiesigen Sammlers, des Münchener Malers Christian Morgenstern und ein Theil der Sammlung Adam Gottlieb Thiermann. [Berlin 1895, (Kat.-Nr. 1000)], S. 3-6; zit. S. 3.

82 *Panneberg'sche Gemälde-Sammlung. I. Abtheilung. Original-Gemälde alter und neuer Meister*, welche … durch den Königlichen Auctions-Commissarius für Kunstsachen, Herrn Dr. Th. Müller … versteigert werden. … Der Katalog ist durch die Kunsthandlung von Louis Eduard Lepke … ausgegeben. Berlin 1865.

83 *Kunst-Anzeige.* In: Rigasche Zeitung, Nr. 269 vom 19.11. (1.12.) 1869, S. 4.

84 Vgl. den *Katalog der berühmten Sammlung des verstorbenen Herrn Baron Heinrich von Mecklenburg, … enthaltend: Holländische Radirungen … von: Berghem, Breenberg, Le Ducq, Dusart, Everdingen, Ostade, Potter, Rembrandt, Ruysdael, Saftleven und Nooms Zeemann …; ferner eine kleine Anzahl ausgewählter alter Handzeichnungen.* Versteigerung … durch den Auctionator für Kunstsachen Herrn Rudolph Lepke …. Berlin [1872] (Kupferstich-Auction Amsler & Ruthardt; 21), oder auch den *Katalog der sehr reichen Kupferstichsammlungen des Herrn E. F. Oppermann und eines anderen Berliner Kunstfreundes, enthaltend u. a.: sehr vollständige Werke von Boissieu, Dürer, van Dyck, Everdingen, Claude Gellee, Nanteuil, Ostade, Rembrandt, Rubens, Schmidt, Wille, zahlreiche porträtistische eminent seltene Holzschnitte und Goldschmiedearbeiten des XVI. Jahrhunderts, ferner eine vorzüglich gehaltene Handbibliothek.* Mit 8 Tafeln in Lichtdruck. Versteigerung zu Berlin … im Kunstauctions-Hause von Rudolph Lepke. Berlin 1882 (Berliner Kupferstich-Auction von Amsler & Ruthardt; 26).

85 *[Die nächste Kunst-Auction von R. Lepke …]* In: BBZ, Nr. 584 vom 14.12.1873, S. 7.

86 *[Der uns vorliegende Katalog der 90. Kunstauction, welche Herr Rudolph Lepke …]* In: BBZ, Nr. 572 vom 6.12.1872, S. 7.

87 *[Im Lepke'schen Kunstauctionshause...]* In: BBZ, Nr. 603 vom 27.11.1880, S. 7.
88 *Anzeiger. Handels-Register des Königlichen Stadtgerichts zu Berlin.* In: BBZ, Nr. 158 vom 5.4.1877, S. 16.
89 *[Über bedauerliche Differenzen...]* In: BBZ, Nr. 54 vom 1.2.1888, S. 6.
90 Vgl. *Katalog der Gräflich Sierstorpff'schen Gemälde-Galerie vom Schlosse Driburg nebst Sammlung von Antiquitäten.* Berlin 1887 (Rudolph Lepke's 617. Berliner Auctions-Katalog).
91 Vgl. *Katalog der Gräflich Sierstorpff'schen Gemälde-Galerie vom Schlosse Driburg nebst Sammlung von Antiquitäten.* Berlin 1887 (Rudolph Lepke's 617. Berliner Auctions-Katalog).
92 *Kunst, Wissenschaft und Literatur.* In: Hamburger Nachrichten, Nr. 93 vom 20.4.1887, S. 2.
93 Wilhelm v. Bode, *Die 2000ste Versteigerung von Rudolph Lepke's Kunst-Auktionshaus.* In: Rudolph Lepke's Kunst-Auctions-Haus, Kunstwerke aus den Beständen Leningrader Museen und Schlösser. Eremitage, Palais Michailoff, Gatschina u. a. Im Auftrag der Handelsvertretung der Union der Sozialistischen Sowjet-Republiken. Berlin 1928 (Katalog 2000), S. 13-16; zit. S. 13.
94 Vgl. G. Scholem, *Walter Benjamin und sein Engel,* a.a.O., S. 130.
95 *[Einen interessanten Beitrag zur Kunstgeschichte Berlins...]* In: BBZ, Nr. 3 vom 3.1.1885, S. 6.
96 W. Benjamin, *Werke und Nachlaß 11.1.,* a.a.O., S. 50.
97 Eine einzige Ausnahme bildet die in vielem leider etwas unzuverlässige Monographie von Georg Malkowsky, *Rudolph Lepke's Kunst-Auctions-Haus,* a.a.O., in der er wenigstens einmal, jedoch nur beiläufig, erwähnt wird (S. 49).
98 *[Die sehr umfangreiche Versteigerung...]* In: BBZ, Nr. 264 vom 10.6.1887, S. 6. Laut Artikel wurden zwei Kataloge für diese Auktion hergestellt (die Nummern 624 und 625).
99 *Mit dem »alten Neumann«.* In: BVZ, Jg. 52, Nr. 371 vom 10.8.1906, S. [2].
100 Adolph Donath, *Psychologie des Kunstsammelns.* Berlin 1911, S. 97.
101 *Anzeiger. Handels-Register des Königl. Amtsgerichts I zu Berlin.* In: BBZ, Nr. 16 vom 11.1.1892, S. 9.
102 *Locales. [Rudolph Lepke's Kunst-Auctions-Haus...].* In: BBZ, Nr. 19 vom 13.1.1892, S. 6-7; zit. S. 7.
103 W. Benjamin, *Werke und Nachlaß 11.1.,* a.a.O., S. 49.
104 Ebd., S. 48.
105 *[Aus Berlin wird Wiener Zeitungen telegraphisch berichtet...]* In: BBZ, Nr. 375 vom 12.8.1899, S. 6.
106 Zu den Gebrüdern Wolffenberg als Besitzer des Kunstauktionshauses Lepke sowie der Versteigerung ihres Besitzes vgl. URL https://digi.ub.uni-heidelberg.de/diglit/lepke1936_05_06/0005/JhTAtRbrSOib9OJERGptUg/thumbs und URL https://digi.ub.uni-heidelberg.de/diglit/lepke1937_04_09/0006/BtXxWTDs-R5CD2_cHXoYDLQ-2/thumbs .
107 W. Benjamin, *Werke und Nachlaß 11.1.,* a.a.O., S. 48.

108 Ebd., S. 48.

109 *Zwangsversteigerungs-Ergebnisse.* In: BBZ, Nr. 31 vom 20.1.1898, S. 16. Selbst wenn es sich bei der genannten Kaufsumme um einen Druckfehler handeln sollte (der sich dann freilich in gleich mehreren Berliner Blättern findet) und etwa eine Null unter den Tisch gefallen wäre, hätte Emil Benjamin noch immer ein sehr gutes Geschäft gemacht.

110 Vgl. *Zwangsversteigerungs-Ergebnisse.* In: BBZ, Nr. 153 vom 31.3.1893, S. 11.

111 H. Benjamin, *Georg Benjamin*, a.a.O., S. 18.

112 Vgl. Andreas Bekiers, *Bodo Ebhardt. 1865-1945. Architekt, Burgenforscher, Restaurator. Leben und Frühwerk bis 1900.* Berlin 1999, sowie die Beiträge im Ausstellungskatalog *Burgenromantik und Burgenrestaurierung um 1900. Der Architekt und Burgenforscher Bodo Ebhardt in seiner Zeit.* Braubach 1999.

113 A. Schöbel, *Aus Tantalus' Geschlecht*, a.a.O., S. 494.

114 *[Das Kaiserpaar besuchte am Montag die Künstlerwerkstatt des Herrn Bildhauers Harro Magnussen, Delbrückstr. 23.]*, a.a.O.

115 A. Schöbel, *Aus Tantalus' Geschlecht*, a.a.O., S. 494.

116 Michael Töteberg, *Karriere im Dritten Reich. Der Regisseur Veit Harlan.* In: Das Ufa-Buch. Kunst und Krisen, Stars und Regisseure, Wirtschaft und Politik. Die internationale Geschichte von Deutschlands größtem Film-Konzern. Hrsg. von Hans-Michael Bock und Michael Töteberg in Zusammenarbeit mit CineGraph - Hamburgisches Centrum für Filmforschung e.V. Frankfurt/M. 1992, S. 458-461; zit. S. 458.

117 Kurt Wernicke, *Als Unternehmer auf der Barrikade.* In: Berlinische Monatsschrift / Luisenstädtischer Bildungsverein e. V., Jg. 1998, H. 9, S. 21-31; zit. S. 21.

118 J. Minding, *[An einzelnen Nachrichten ist uns noch mancherlei zugegangen…]* In: Königlich privilegirte Berlinische Zeitung von Staats- und gelehrten Sachen, Nr. 67 (Extrablatt) vom 20.3.1848, S. [2-3]; zit. S. [2].

119 *Berlin in der Bewegung von 1848.* In: Die Gegenwart. Eine encyklopädische Darstellung der neuesten Zeitgeschichte für alle Stände. Leipzig 1849, Bd. 2, S. 538-596; zit. S. 557.

120 K. Wernicke, *Als Unternehmer auf der Barrikade*, a.a.O., S. 21.

121 Brief von Harro Magnussen an Cornelius Meyer, Grunewald, 16.4.1903; unveröff., Privatbesitz.

122 *[Das Klopfen von Teppichen…]* In: GE, Jg. 4, Nr. 16 vom 19.4.1903, S. [1]. Im Wortlaut dieser polizeilichen Verordnung heißt es: »Das Klopfen von Betten, Teppichen oder sonstigen Gegenständen ist nur werktäglich in den Vormittagsstunden von 9 bis 1 Uhr gestattet.« (*Adressbuch für Grunewald-Halensee nebst Orts-Polizei-Verordnungen und Plan von Grunewald-Halensee*, Jg. 2/1901, S. 57 [304].)

123 *[Ein hiesiger Villenbesitzer…]* In: GE, Nr. 64 vom 28.7.1901, S. [2].

124 Brief von Harro Magnussen an Cornelius Meyer, Grunewald, 1.11.1906; unveröff., Privatbesitz.

125 M. G. Zimmermann, *Harro Magnussen*, a.a.O., S. 10.

126 Hans Rosenhagen, *Aus den Berliner Kunstsalons.* In: Die Kunst für alle, Jg. 18 (1902-1903), H. 3 vom 1.11.1902, S. 72-75; zit. S. 73.

127 Wilhelm II., *Die wahre Kunst.* In: Die Berliner Moderne 1885-1914. Hrsg. von Jürgen Schutte und Peter Sprengel. Stuttgart 1987, S. 571-573; zit. S. 571/572.

128 Max Gg. Zimmermann, *Die letzten Werke eines zu früh Dahingegangenen.* In: Der Tag, Nr. 358 vom 12.11.1908, S. [10].

129 Zu einigen Details ihrer Ehegeschichte vgl. A. Schöbel, *Aus Tantalus' Geschlecht*, a.a.O., S. 491, und E. Schörle, *Harro Magnussen (1861-1908)*, a.a.O., S. 91.

130 *Magnussens Beerdigung verhindert.* In: GE, Nr. 45 vom 8.11.1908, S. [1].

131 Zit. aus einem Beschwerde-Schreiben des Rechtsanwalts von Eleonore Lesker-Magnussen an den Landrat des Kreises Teltow vom 12.10.1912 (das Dokument findet sich in der Bauakte der Immobilie, Bauamt Wilmersdorf).

132 Zit. aus dem notariell beurkundeten *Kaufangebot* Emil Benjamins vom 16.3.1918 in der Grundbuch-Akte (*Grundakten betreffend das zu Berlin-Grunewald belegene im Grundbuche von Berlin-Grunewald Band 62 Blatt Nr. 1846 verzeichnete Grundstück*). Mit der ebenfalls notariell beglaubigten *Kaufvertragsantragsannahme* vom 21.3.1918 nahm Eleonore Lesker Emil Benjamins Offerte an, womit die Immobilie ab 1.4.1918 in den Besitz Emil Benjamins überging.

133 W. Benjamin, *Werke und Nachlaß 11.1.*, a.a.O., S. 51/52.

134 Vgl. ebd., S. 50.

135 Vgl. den zwischen ihnen am 30. Oktober 1926 abgeschlossenen *Auseinandersetzungsvertrag*; unveröff., WBA 211/3-4, S. 1.

136 Vgl. *[In der heutigen Generalversammlung...]* In: BBZ, Nr. 200 vom 30.4.1907, S. 3.

137 Vgl. *A.-G. für Bauausführungen in Berlin.* In: BBZ, Nr. 409 vom 3.9.1926, S. 10.

138 Vgl. *Prospekt über M. 1.000.000.– neue Aktien der Actien-Gesellschaft für Bauausführungen in Berlin.* In: BBZ, Nr. 358 vom 2.8.1918, S. [9].

139 Vgl. *Anzeiger. Handels-Register des Königl. Amtsgerichts I zu Berlin.* In: BBZ, Nr. 352 vom 29.7.1899, S. 10.

140 *[Wie wir bereits mitgeteilt haben...]* In: BBZ, Nr. 406 vom 31.8.1915, S. 2.

141 Zu Ignatz Thoman finden sich einige biographische Daten in der *Liste der Stolpersteine in Berlin-Dahlem*, URL https://de.wikipedia.org/wiki/Liste_der_Stolpersteine_in_Berlin-Dahlem (abgerufen am 1.12.2021).

142 Vgl. *[Annonce der Herren-Kleider-Vertriebs-Gesellschaft m.b.H.]* In: BVZ, Nr. 83 vom 18.2.1912, S. [6].

143 Vgl. O. Bechstein, *Rundschau. (Verkauf zu Selbstkosten plus 10%.)* In: Prometheus. Illustrierte Wochenschrift über die Fortschritte in Gewerke, Industrie und Wissenschaft, Jg. 25, Nr. 1287 vom 27.6.1914, S. 619-622, insbes. S. 621.

144 Centrale für Weinvertrieb m.b.H., *Wein zum Selbstkostenpreis + 10% Umsatzgebühr* [Werbedepliant]. Berlin o. J., S. 4.

145 Centrale für Weinbetrieb m.b.H., *Selbstkostenpreis +10% und das Strafgesetz* [Annonce]. In: BTB, Nr. 615 vom 4.12.1913, S. [15].

146 O. Bechstein, *Rundschau*, a.a.O., S. 620.

147 Ebd., S. 621.

148 Vgl. *Deutscher Handelstag*. In: BBZ, Nr. 593 vom 18.12.1912, S. [17].

149 Vgl. *Unserer [sic!] Kundschaft zur Aufklärung über die Centrale für Weinvertrieb G.m.b.H.* Hrsg. vom Zentralverband der Weinhändler Norddeutschlands, E. V. Berlin 1910.

150 Vgl. etwa *Wein zum Selbstkostenpreis plus 10%.* In: BBZ, Nr. 594 vom 20.12.1915, S. 14.

151 O. Bechstein, *Rundschau*, a.a.O., S. 619.

152 *[Dem Rechenschaftsbericht ...]* In: BBZ, Nr. 92 vom 23.2.1893, S. 8.

153 *[Das mit dem 31. December v. J. beendete 23. Geschäftsjahr...]* In: BBZ, Nr. 103 vom 2.3.1894, S. 7.

154 *[In der heutigen ausserordentlichen Generalversammlung...]* In: BBZ, Nr. 600 vom 22.12.1908, S. 2.

155 *[Die heutige ordentliche Generalversammlung...]* In: BBZ, Nr. 106 vom 4.3.1909, S. 2.

156 *[Der Kassaindustrieaktienmarkt...]* In: BTB, Nr. 620 vom 5.12.1908, S. [10].

157 W. Benjamin, *Werke und Nachlaß 11.1.*, a.a.O., S. 47/48.

158 *[Die heutige ordentliche Generalversammlung...]* In: BBZ, Nr. 106 vom 4.3.1909, S. 2.

159 Ebd.

160 *[Die heutige ordentliche Generalversammlung...]* In: BBZ, Nr. 172 vom 11.4.1916, S. 3.

161 *Berliner Cichorienfabrik A. G. i. Liqu.* In: BBZ, Nr. 274 vom 14.6.1917, S. 4.

162 Emil Benjamin, *[Annonce.]* In: BBZ, Nr. 274 vom 14.6.1917, S. 11.

163 *Berliner Cichorien-Aktiengesellschaft vormals H. L. Voigt i. Liqu.* In: BBZ, Nr. 297 vom 28.6.1917, S. 7.

164 G. Scholem, *Walter Benjamin und sein Engel*, a.a.O., S. 130.

165 Ebd., S. 131.

166 Beide Werke sind in schwarz-weißer Reproduktion in einem Ausstellungskatalog des Jahres 1975 abgebildet: vgl. *Kay H. Nebel. (1888 Loitmark Krs. Eckernförde – 1953 Kassel). Gemälde, Aquarelle, Zeichnungen.* Ausstellung der Galerie von Abercron, Köln. [Köln 1975], S. 20 bzw. S. 12.

167 [Franz] Roh, *Kay Nebel und die Wendung in der Malerei.* In: Die Kunst für alle, Jg. 40 (1924/25), H. 1 ('24), S. 10-14; zit. S. 12.

168 *Kay H. Nebel*, a.a.O., S. 4.

169 *[Der verstorbene Kaufmann, Handelsrichter...]* In: BBZ, Nr. 538 vom 16.11.1894, S. 5.

170 Stefan Zweig, *Die drei Meyer-Sammlungen.* In: BTB, Nr. 285 vom 17.6.1924, S. [2].

171 Vgl. *Von Luther bis Goethe. Autographen deutscher Dichter und Gelehrter* aus dem Nachlass von Cornelius Meyer [Teil 1]. Berlin 1924 (Auktions-Katalog Karl Ernst Henrici; 90), *Autographen aus Literatur, Wissenschaft und Kunst.* Nachlass Cornelius Meyer, Teil 2, Sammlung J. von Reichel, Teil 1, u. a. m. Berlin 1924

(Auktions-Katalog Karl Ernst Henrici; 91), *Goethe und seine Zeitgenossen. Bildnisse, Originalarbeiten Goethes, Medaillen, Tassen, Erinnerungsstücke etc. Originalbildnisse, Sport- und Jagdbilder in Originalmalerei, Bilder und Erinnerungen an das preuß. Königshaus, die Befreiungskriege etc., Porzellane.* Aus dem Nachlass von Cornelius Meyer und anderem Besitz. Berlin 1924 (Auktions-Katalog Karl Ernst Henrici; 92), *Historische Autographen.* Aus dem Nachlass Cornelius Meyer und anderem berliner Privatbesitz, dabei eine Sammlung von Briefen von und an Wilhelm von Humboldt aus dessen Nachlass. Berlin 1924 (Auktions-Katalog Karl Ernst Henrici; 93) sowie *Hohenzollern-Autographen* aus dem Nachlass von Cornelius Meyer. Berlin 1924 (Auktions-Katalog Karl Ernst Henrici; 95).

172 Vgl. Paul Lindenberg, *Was sind heute Handschriften wert?* In: BBZ, Nr. 287 vom 21.6.1924, S. 12.

173 Vgl. Paul Lindenberg, *Aus den Mappen der Handschriftensammler.* In: BBZ, Nr. 395 vom 23.8.1924, S. 4.

174 Paul Lindenberg, *Aus den Schätzen eines Handschriftensammlers.* In: BBZ, Nr. 481 vom 12.10.1924, S. 3.

175 Vgl. *Die tägliche politische Schlägerei.* In: Vossische Zeitung, Nr. 71 vom 11.2.1930, S. [5].

176 G. Scholem, *Walter Benjamin und sein Engel*, a.a.O., S. 130. Reinhard Pabst, Montabaur, ist diesem Hinweis nachgegangen und hat herausgefunden, dass es sich dabei um ein Schreiben Luthers vom Oktober 1544 handelte, das Emil Benjamin aber offenbar schon in den Jahren des Ersten Weltkriegs verkauft hatte (Email vom 4.7.2023 an den Verf., M. B.).

177 Vgl. d., *9100 Mark für einen Luther-Brief.* In: BTB, Nr. 290 vom 20.6.1924, S. [3].

178 Vgl. *Autographen. Literatur, Wissenschaft und Kunst, Geschichte, Allgemeines, »Sozialisten«, Napoleon I. und sein Kreis, Weltkrieg und Nachkriegszeit.* Sammlung Emil Benjamin †, Berlin-Grunewald, und anderer Besitz. Berlin 1931 (Katalog 316); digitalisiertes Exemplar der Universitätsbibliothek Heidelberg, URL: http://dfg-viewer.de/show/?set[mets]=http%3A%2F%2Fwww.zvdd.de%2Fdms%2Fmetsresolver%2F%3FPPN%3Durn%3Anbn%3Ade%3Absz%3A16-diglit-83546 (abgerufen am 7.3.2023).

179 Vgl. Walter Benjamiin, *Werke und Nachlaß*, a.a.O., Bd. 3. Hrsg. von Uwe Steiner. Frankfurt/M. 2008.

180 Vgl. Walter Benjamin, *Gesammelte Schriften.* Unter Mitwirkung von Theodor W. Adorno und Gershom Scholem hrsg. von Rolf Tiedemann und Hermann Schweppenhäuser. Bd. I. Hrsg. von Rolf Tiedemann und Hermann Schweppenhäuser. Frankfurt/M. 1974, S. 123-201.

181 Vgl. Walter Benjamin, *Werke und Nachlaß*, a.a.O., Bd. 10. Hrsg. von Momme Brodersen. Frankfurt/M. 2008.

182 Ebd., S. 117.

183 *Ein Berliner Eispalast.* In: BTB, Nr. 26 vom 15.1.1903, S. [4].

184 *[Um ein neues großstädtisches Etablissement...].* In: BBZ, Nr. 25 vom 16.1.1903, S. 7.

185 *Eispalast*. In: BVZ, Jg. 51, Nr. 25 vom 16.1.1903, S. [6].

186 Vgl. *Handels-Register des Königlichen Amtsgerichts Berlin-Mitte (Abteilung A)*. In: BBZ, Nr. 36 vom 22.1.1907, S. [21].

187 W. Benjamin, *Werke und Nachlaß 11.1.*, a.a.O., S. 52.

188 *Prospekt des »Berliner Eis-Palast« G.m.b.H.* In: BTB, Nr. 51 vom 29.1.1907, S. [12].

189 *Der Berliner Eispalast*. In: General-Anzeiger für Hamburg-Altona (nachmals *Hamburger Anzeiger*), Nr. 120 vom 22.5.1908, S. 6.

190 *Vergnügungsstätten auf Aktien*. In: BVZ, Nr. 81 vom 18.2.1913, S. [5].

191 La Publicité internationale (Hg.), *Der Berliner Eispalast. Ein Sammelplatz für Eis- und Kunstsport, für Hygiene des Leibes und Körper-Kultur*. Eröffnet am 1. September 1908. Mit zehn Vollbildern in Autotypie. Berlin-Schöneberg [1908], S. 4.

192 (Berliner Korrespondent:) *Der Eispalast in Berlin*. In: Deutsches Volksblatt, Nr. 7069 vom 6.9.1908, S. 5.

193 Ebd.

194 La Publicité internationale (Hg.), *Der Berliner Eispalast*, a.a.O., S. 4.

195 Ebd., S. 3.

196 Ebd., S. 12.

197 Ebd., S. 6.

198 Ebd.

199 Ebd., S. 10.

200 Ebd., S. 8.

201 Ebd., S. 10.

202 Ebd., S. 6.

203 Ebd.

204 Vgl. *Locales [Etwas in Berlin noch nicht dagewesenes…]*. In: BBZ, Nr. 409 vom 1.9.1908, S. [5].

205 K., *Der Eispalast*. In: BVZ, Nr. 410 vom 1.9.1908, S. 2.

206 Vgl. W. Benjamin, *Werke und Nachlaß 11.1.*, a.a.O., S. 52, wo es heißt: »Eines Abends nun, ich weiß nicht ob es das Eröffnungsdatum war oder ein späteres, kam meinem Vater der Gedanke, mich dorthin mitzunehmen.«

207 Ebd., S. 52.

208 *Lokal-Nachrichten: Schöneberg*. In: BTB, Nr. 463 vom 11.9.1908, S. [18].

209 *Der Berliner Eispalast*. In: Prager Tagblatt, Nr. 341 vom 11.12.1908, S. 8.

210 *Berliner Eis-Palast G.m.b.H.* In: BBZ, Nr. 507 vom 28.10.1908, S. [9].

211 Vgl. *Prospekt über nominal M. 2.000.000.⊠ auf den Inhaber laufende Aktien Berliner Eispalast-Akten-Gesellschaft zu Berlin*. In: BBZ, Nr. 378 vom 15.8.1910, S. 15-16.

212 Vgl. *Berliner Eis-Palast Anteile zu kaufen gesucht*. [Annonce.] In: BBZ, Nr. 477 vom 10.10.1908, S. 11.

213 Vgl. *Prospekt über nominal M. 2.000.000.*, a.a.O., S. 16.

214 Vgl. *Berliner Eispalast Aktien-Gesellschaft in Berlin. Geschäfts-Bericht nebst Bilanz und Gewinn- und Verlust-Rechnung pro 1911 für die Generalversammlung vom 30. März 1912*. Berlin 1912, S. 3.

215 Vgl. *Berliner Eispalast Aktien-Gesellschaft in Berlin. Geschäfts-Bericht nebst Bilanz und Gewinn- und Verlust-Rechnung pro 1909 für die Generalversammlung vom 19. Februar 1910*. Berlin 1910, S. 3.
216 *Berliner Eispalast Aktien-Gesellschaft in Berlin. Geschäfts-Bericht nebst Bilanz und Gewinn- und Verlust-Rechnung pro 1910 für die Generalversammlung vom 18. März 1911*. Berlin 1911, S. [3].
217 *Der Geschäftsbericht des Berliner Eispalastes*. In: BTB, Nr. 139 vom 17.3.1913, S. [10].
218 Vgl. *Berliner Eispalast Aktien-Gesellschaft in Berlin. Geschäfts-Bericht ... pro 1911*, a.a.O., S. 3.
219 Vgl. *[Ueber die Sanierung der Berliner Eispalast A.-G. ...]* In: BBZ, Nr. 532 vom 12.11.1913, S. 3.
220 Vgl. u. a. *Handelsnachrichten. [In der gestrigen Sitzung des Aufsichtsrats der Berliner Eispalast Aktien-Gesellschaft...]* In: BBZ, Nr. 576 vom 9.12.1913, S. 11.
221 *Die Prozesse des Berliner Eispalastes*. In: BVZ, Nr. 195 vom 28.4.1914, S. [10].
222 *Konkursgefahr beim Eispalast*. In: BTB, Nr. 38 vom 21.1.1915, S. [7].
223 *Das Ende des Berliner Eispalastes*. In: BTB, Nr. 139 vom 17.3.1915, S. [7].
224 *Handelsnachrichten. [Nachdem die geplante Sanierung...]* In: BBZ, Nr. 156 vom 3.4.1915, S. 3.
225 *Zwangsversteigerungs-Ergebnisse*. In: BBZ, Nr. 301 vom 30.6.1918, S. [15].
226 *[Der Kaiser und die Kaiserin...]* In: BTB, Nr. 388 vom 3.8.1914, S. [3].
227 H. Benjamin, *Georg Benjamin*, a.a.O., S. 29.
228 W. Benjamin, *Werke und Nachlaß 11.1*, a.a.O., S. 30.
229 D. Heinze, *Der Grunewald – eine Kolonie der Millionäre*, a.a.O., S. 17.
230 *Handgranaten gegen eine Grunewaldvilla. »Der Hölz ist da!« – Mißglückte Brükkensprengung am Treptower Dammweg*. In: BTB, Nr. 156 vom 4.4.1921, S. 4.
231 Walter Benjamin: *Gesammelte Briefe*, a.a.O., Bd. II. Hrsg. von Christoph Gödde und Henri Lonitz. Frankfurt/M. 1996, S. 368/369.
232 A. Schöbel, *Aus Tantalus' Geschlecht*, a.a.O., S. 494.
233 Ebd.
234 W. Benjamin, *Werke und Nachlaß 11.1.*, a.a.O., S. 608.
235 Ebd., S. 306.
236 H. Wenzel, *Gertruds Ahnen (Auszug)*, a.a.O., S. 303.
237 Vgl. ebd., S. 303.
238 Vgl Heinrich Wuttke, *Städtebuch des Landes Posen. Codex Diplomaticus. Allgemeine Geschichte der Städte im Lande Posen. Geschichtliche Nachrichten von 149 einzelnen Städten*. Leipzig 1864, S. 386.
239 *Gesetz, betreffend die Gleichberechtigung der Konfessionen in bürgerlicher und staatsbürgerlicher Beziehung*. In: Bundesgesetzblatt des Norddeutschen Bundes, Bd. 1869, Nr. 28, S. 292; zit. nach URL https://de.wikisource.org/wiki/Gesetz,_betreffend_die_Gleichberechtigung_der_Konfessionen_in_b%C3%BCrgerlicher_und_staatsb%C3%BCrgerlicher_Beziehung (abgerufen 23.6.2023).

240 A[ron] Heppner/ I[saak] Herzberg, *Aus Vergangenheit und Gegenwart der Juden und der jüd. Gemeinden in den Posener Landen.* Koschmin, Bromberg 1909, S. 258.

241 Ludwig Chodziesner, Brief vom 10.12.1939 an Hilde und Sabine Wenzel (mit einer Beischrift von Gertrud Kolmar); (als Ganzes) unveröff., DLA, NL Gertrud Kolmar, A:Kolmar 93.18.91/4.

242 Curt Rosenberg, *Jugend-Erinnerungen 1876-1904.* [Glasgow 1947/54]; unveröff., Leo Baeck Institute, New York, o. Sign., S. 42/43.

243 Vgl. W. Benjamin, *Werke und Nachlaß 11.1.*, a.a.O., S. 81.

244 Vgl. u. a. Werner Fuld, *Walter Benjamin. Eine Biographie.* Reinbek bei Hamburg 1990, S. 11. Es handelt sich hierbei um die überarbeitete und erweiterte Ausgabe des erstmals 1979 erschienenen Werkes von Fuld.

245 Vgl. u. a. Clara und William Stern, *Die Kindersprache. Eine psychologische und sprachtheoretische Untersuchung.* Leipzig 1907, sowie William Stern, *Psychologie der frühen Kindheit bis zum sechsten Lebensjahre.* Mit Benutzung ungedruckter Tagebücher von Clara Stern. Leipzig 1914.

246 Vgl. Arthur Czellitzer, *Geschichte meiner Familie*; unveröff., Leo Baeck Institute New York, Arthur Czellitzer Collection, AR 302.

247 Ebd., S. 38.

248 Ebd., S. 38/39.

249 Ebd., S. 40.

250 Vgl. Julius Posener, *Fast so alt wie das Jahrhundert.* Erweiterte Neuausg., Basel, Berlin, Boston 1993, S. 50 und S. 150.

251 Ebd., S. 50.

252 A. Czellitzer, *Geschichte meiner Familie*, a.a.O., S. 41.

253 Deutscher Reichsanzeiger und Königlich Preußischer Staatsanzeiger (Berlin), Nr. 40 vom 13.2.1912, S. [23]; vgl. auch *Anzeiger. Handels-Register des Königlichen Amtsgerichts Berlin-Mitte (Abteilung A).* In: BBZ, Nr. 61 vom 6.2.1912, S. 22.

254 Vgl. das Heft 9/1914 der *Berliner Architekturwelt*, in dem der Bau im Grundriß sowie in einigen fotographischen Ansichten vorgestellt wird (S. 369-372, Abb. 452-455).

255 berlin.de, *Denkmale in Berlin. Geschäftshaus Wallstraße 76 & 77 & 78 & 79 Märkisches Ufer 6*, URL http://www.stadtentwicklung.berlin.de/denkmal/liste_karte_datenbank/de/denkmaldatenbank/daobj.php?obj_dok_nr=09035418 (abgerufen am 22.1.2020).

256 *Sanatorium Bad Birkenwerder bei Berlin.* In. BTB, Nr. 94 vom 21.2.1904, S. [32].

257 Walter Benjamin: *Gesammelte Briefe*, a.a.O., Bd. VI. Hrsg. von Christoph Gödde und Henri Lonitz. Frankfurt/M. 2000, S. 88.

258 W. Benjamin, *Gesammelte Briefe II*, a.a.O., S. 76/77.

259 Walter Benjamin, *Gesammelte Schriften*, a.a.O., Bd. VI. Frankfurt/M. 1985, S. 45.

260 Alle Zit. und Paraphrasen sind Briefen Benjamins aus den Jahren 1921-1924 entnommen: vgl. W. Benjamin, *Gesammelte Briefe II*, a.a.O., S. 87, 93, 277/278, 279 und 281.

261 Ebd., S. 277.
262 Ebd., S. 281.
263 Ebd., S. 87.
264 Ebd., S. 89.
265 Ebd., S. 84.
266 Ebd., S. 435.
267 Das geht aus einem unveröffentlichten Brief Dora Sophie Kellners hervor, in dem sie sich nur leider nicht über das Wann dieser Besuche äußert: vgl. Dora Sophie Morser, Brief vom 14.2.1951 an Herbert Steiner; unveröff., DLA, NL Herbert Steiner, A:Steiner, Herbert 74.3927.
268 Franz Hessel, *Benjamin tanzt stelzbeinig.* In: Begegnungen mit Walter Benjamin. Hrsg. von Erdmut Wizisla. Leipzig 2015, S. 181-185; zit. S. 183.
269 Ebd., S. 184.
270 Gershom Scholem, *Tagebücher nebst Aufsätzen und Entwürfen bis 1923. 1. Halbband 1913-1917* unter Mitarbeit von Herbert Kopp-Oberstebrink hrsg. von Karlfried Gründer und Friedrich Niewöhner. Frankfurt/M. 1995, S. 132.
271 Charlotte Wolff, *Augenblicke verändern uns mehr als die Zeit. Eine Autobiographie.* Aus dem Englischen von Michaela Huber. Weinheim, Basel 1982, S. 83.
272 Neben kleineren Arbeiten übersetzte Dora Sophie Kellner zwei Romane von Hergesheimer für den Rowohlt-Verlag: *Mountain Blood* aus dem Jahr 1922 (unter dem Titel *Bergblut*, Berlin 1932) und *The Limestone Tree*, 1930 (*Der Steinbaum*, Berlin 1934).
273 Im Berliner Rowohlt-Verlag erschienen 1928 sowohl Benjamins *Einbahnstraße* als auch sein Traktat über den *Ursprung des deutschen Trauerspiels.*
274 Zum Lebensweg von Lothar Mohrenwitz vgl. Klaus Flick, *Judenhäuser in Wiesbaden 1939-1942. Das Schicksal ihrer Eigentümer und Bewohner.* URL https://moebus-flick.de/ (abgerufen am 23.6.2023).
275 Joseph Hergesheimer, *Berlin.* New York 1932, S. 222. Den Hinweis auf diese einzigartige Quelle verdanke ich Reinhard Pabst.
276 Ebd., S. 223.
277 Vgl. Siegfried Bernfeld/Susanne Cassirer Bernfeld, *Bausteine der Freud-Biographik.* Eingeleitet, hrsg. und übersetzt von Ilse Grubrich-Simitis. Frankfurt/M. 1988.
278 J. Hergesheimer, *Berlin*, a.a.O., S. 220.
279 Ebd., S. 220.
280 Hans Puttnies/Gary Smith, *Benjaminiana. Eine biographische Recherche.* (Hrsg. vom Werkbund Archiv im Zusammenhang mit der Ausstellung »Bucklicht Männlein und Engel der Geschichte. Walter Benjamin, Theoretiker der Moderne«, Martin Gropius Bau, Berlin, 28.12.1990 28.4.1991.) Gießen 1991, S. 164.
281 *[Ehevertrag vom 16.4.1917 zwischen Walter Benjamin und Dora Sophie Kellner.]* Dritte Ausfertigung; unveröff., WBA o. Sign.
282 *[Scheidungsurteil vom 27.3.1930 (Kopie).]*; unveröff., WBA 1616.
283 *[Vergleich vom 19.7.1930 zwischen Dora Sophie Kellner und den Erben Benjamin]* (Beglaubigte Abschrift); unveröff., in *Grundakten*, a.a.O. Diese masch. Abschrift

zählt vier Seiten und ist von Dora (auch in Vertretung ihrer Mutter), Georg und Walter Benjamin sowie Dora Sophie Kellner unterzeichnet. Eine etwas abweichende Version dieses Übereinkommens befindet sich auch im Berliner Nachlass Walter Benjamins (vgl. WBA 211/9-10).

284 Vgl. *[Verkaufsurkunde der Grunewald-Villa vom 18.5.1932.]* Erste Ausfertigung; unveröff., in *Grundakten*, a.a.O.

285 So der Wortlaut einer Notverordnung des Reichspräsidenten vom 13. April 1932.

286 Vgl. Günther Anders, *Die Schrift an der Wand. Tagebücher 1941 bis 1966.* Berlin 1969, S. 235.

287 Hermann Göring, *Reden und Aufsätze.* Hrsg. von Erich Gritzbach. München 21938, S. 27.

288 *Jeder weiß: Sie können uns nicht bezwingen! Der Mut und der Wille zum Weiterkämpfen bleibt uns auch in der Illegalität! Ein Brief aus dem finstersten Deutschland.* In: Die Rote Fahne (Wien!), Nr. 53 vom 3.3.1933, S. 2.

289 Eine rühmliche Ausnahme bilden die Arbeiten von Eva Schöck-Quinteros: vgl. insbesondere *Dora Benjamin: »...denn ich hoffe nach dem Krieg in Amerika arbeiten zu können«. Stationen einer vertriebenen Wissenschaftlerin. (1901-1946).* In: Barrieren und Karrieren. Die Anfänge des Frauenstudiums in Deutschland. Unter Mitarbeit von Sigrid Dauks hrsg. von Elisabeth Dickmann und Eva Schöck-Quinteros. Berlin 2000, S. 71-102.

290 Vgl. Dora Benjamin, *Die soziale Lage der Berliner Konfektionsheimarbeiterinnen mit besonderer Berücksichtigung der Kinderaufzucht. Versuch einer Wertung der Heimarbeit im Vergleich mit der Fabrikarbeit unter dem Gesichtspunkt der bestmöglichen Aufzucht des Kindes.* Diss. masch., Greifswald 1924.

291 Vgl. Dora Benjamin, *Gesunde Nerven.* In: Berliner Wohlfahrtsblatt. Beilage zum Amtsblatt der Stadt Berlin, Jg. 5, Nr. 23 vom 24.11.1929, S. 196-197.

292 Dr. K., *[Der Ritualmordhetzer Dr. Ley...]* In: Kölner Jüdisches Wochenblatt, Jg. 8, Nr. 2 vom 10.1.1930, S. [5].

293 Geret Luhr (Hg.), *»was noch begraben lag«. Zu Walter Benjamins Exil. Briefe und Dokumente.* Berlin 2000, S. 32.

294 Dora Sophie Kellner, Brief vom 20.10.1933 an Walter Benjamin; unveröff., WBA 017/4.

295 G. Luhr (Hg.), *»was noch begraben lag«*, a.a.O., S. 36.

296 Walter Benjamin, *Gesammelte Briefe*, a.a.O., Bd. IV. Hrsg. von Christoph Gödde und Henri Lonitz. Frankfurt/M. 1998, S. 201.

297 G. Luhr (Hg.), *»was noch begraben lag«*, a.a.O., S. 30.

298 Ebd., S. 31, sowie Dora Sophie Kellner, Brief vom 1.1.1934 an Walter Benjamin; unveröff., WBA 017/7.

299 G. Luhr (Hg.), *»was noch begraben lag«*, a.a.O., S. 29.

300 Ebd., S. 31/32.

301 Ebd., S. 29.

302 Stefan Benjamin, Brief von ca. Mitte April 1933 an Walter Benjamin; unveröff., WBA 021/1.

303 Ernst Walther, *Die Geschichte der Walther-Rathenau-Schule 1903-1953.* In: 50 Jahre Walther-Rathenau-Schule (vormals Grunewald-Gymnasium). 1903-1953. (Hg.: Walther-Rathenau-Schule in Berlin-Grunewald, Wilhelm Padberg. Schriftleitung: Ernst Walther.) Berlin [1953], S. 12-23; zit. S. 14.

304 Gertrud Fischer-Sabrow, *Die Schulleitung des Grunewald Gymnasiums 1933-1945.* URL https://docplayer.org/175124568-Die-schulleitung-des-grunewald-gymnasiums.html (abgerufen am 8.6.2023).

305 E. Walther, *Die Geschichte der Walther-Rathenau-Schule 1903-1953*, a.a.O., S. 14.

306 G. Luhr (Hg.), *»was noch begraben lag«*, a.a.O., S. 31.

307 *Erste Verordnung zur Durchführung des Gesetzes gegen die Überfüllung deutscher Schulen und Hochschulen. Vom 25. April 1933.* In: Reichsgesetzblatt, Teil I, Nr 43 vom 26.4.1933, S. 226 (§ 8).

308 Stefan Benjamin, Brief von ca. Mitte Dezember 1933 an Walter Benjamin; unveröff., WBA 021/2.

309 Dora Sophie Kellner, Brief vom 19.4.1936 an Walter Benjamin; unveröff., WBA 017/17.

310 G. Luhr (Hg.), *»was noch begraben lag«*, a.a.O., S. 30.

311 Landgericht Berlin, 142. WGK, *[Dora Sophie Morser contra Erben Brambach]*; unveröff., Landesarchiv Berlin, B Rep. 025-07, Nr.: 1611/51, S. [178].

312 Zur Geschichte ihrer Beteiligung an der Sanremeser Pension vgl. Eva Weissweiler, *Villa Verde oder das Hotel in Sanremo. Das italienische Exil der Familie Benjamin.* Mit einem Nachwort von Mona Benjamin. München 2022.

313 Hildegard Henschel, zit. nach Karl-Heinz Metzger, *Bahnhof Grunewald 1941 bis 1945.* In: 100 Jahre Villenkolonie Grunewald, a.a.O., S. 136-147; zit. S. 143/144.

314 Thyge Truelsen Thyssen, *Familie Thyssen durch 300 Jahre. 1631-1936.* Dargestellt nach amtlichen Urkunden; unveröff., Landesarchiv Schleswig-Holstein, Abt. H II, Nr. 141, S. 3.

315 Thyge Thyssen, *Bauer und Standesvertretung. Werden und Wirken des Bauerntums in Schleswig-Holstein seit der Agrarreform.* Neumünster 1958, S. 305; Hervorhebungen vom Verf., M. B.).

316 T. T. Thyssen, *Familie Thyssen durch 300 Jahre*, a.a.O., S. 3.

317 Vgl. C. A. Emge, *Ideen zu einer Philosophie des Führertums.* In: Archiv für Rechts- und Sozialphilosophie, Bd. 29 (1936), H. 2, S. 175-194.

318 In den Kriegsjahren taucht Erwin von Witzlebens Name im Adressbuch der Reichshauptstadt nicht auf. Bis 1939 war er in der Lassenstraße 19/21 gemeldet. Sein letzter Berliner Wohnsitz aber war, wie aus seiner Sterbeurkunde hervorgeht (StA Berlin-Charlottenburg, Nr. 2838/1944), die ehemalige Villa des hier schon kurz erwähnten Conrad Meyer in der Delbrückstraße 19-21.

319 Landgericht Berlin, 142. WGK, *[Dora Sophie Morser contra Erben Brambach]*, a.a.O., S. [65].

320 Vgl. Laurenz Demps (Hg.), *Berichte der Hauptluftschutzstelle der Stadtverwaltung Berlin.* CD zum Buch *Luftangriffe auf Berlin. Die Berichte der Hauptluftschutz-*

stelle 1940-1945. Hrsg. von Laurenz Demps. Mit einem Spezialinventar von Kerstin Bötticher. Berlin 2012, S. 642.

321 Vgl. A. Bekiers, *Bodo Ebhardt*, a.a.O., S. [394].

322 Die falsche Namenszuweisung findet sich bis heute in den Nachschlagewerken zu Berlins Straßennamen: vgl. u. a. *Lexikon. Alle Berliner Straßen und Plätze. Von der Gründung bis zur Gegenwart.* [Hrsg. von Hans-Jürgen Mende.] Bd. 2: Fri – Len. Berlin 1998, S. 359, sowie Sylvia Lais/ Hans-Jürgen Mende (Hrsg.), *Lexikon Berliner Straßennamen.* Berlin 2003, S. 219.

323 In der Namensnennung Walter Benjamins weicht der zitierte Wortlaut vom *publizierten* Text des Prosastücks ab. Diese Variante findet sich in der Beilage zu einem unveröffentlichten Schreiben Krafts an Theodor W. Adorno, datiert vom 13.4.1958 (Theodor W. Adorno-Archiv, ZWAA_Br_0810).

324 Alliierte Kommandatur Berlin, *26.7.1949, Anordnung BK/O (49) 180, Rückerstattung feststellbarer Vermögensgegenstände an Opfer der nationalsozialistischen Unterdrückungsmaßnahmen.* In: Verordnungsblatt für Groß-Berlin, Jg. 5, Teil I, Nr. 47 vom 3.8.1949, S. 221.

325 Landgericht Berlin, 142. WGK, *[Dora Sophie Morser contra Erben Brambach]*, a.a.O., S. [60].

326 Ebd., S. [134].

327 Alliierte Kommandatur Berlin, *26.7.1949, Anordnung BK/O (49) 180*, a.a.O., S. 222.

328 Ebd., S. 224.

329 Landgericht Berlin, 142. WGK, *[Dora Sophie Morser contra Erben Brambach]*, a.a.O., S. [242].

330 Vgl. ebd.

331 Ebd., S. [253].

332 Das Inventar wurde vom 1.-2.12.1937 in der Villa versteigert: vgl. [Gerhard Harms (Versteigerungshaus Berlin),] *Villeneinrichtung mit Kunstbesitz. P. †, Berlin-Grunewald, Delbrückstr. 13-17.* [Berlin 1937].

333 Die Daten zu Hans, Johanna und Moritz Kastan gehen auf briefliche Mitteilungen von Herrn Hubert Lang, Leipzig, sowie auf dessen großartiges Buch *Zwischen allen Stühlen. Juristen jüdischer Herkunft in Leipzig (1848-1953)*, [Kaufering] 2014, S. 416-417, zurück.

334 Laura Kaufmann-Kallmann soll noch eine weitere Tochter gehabt haben, über die leider nichts zu ermitteln war.

335 Das Berliner Adressbuch führt für die beiden Jahre zwei Regierungsräte dieses Namens auf: der eine wohnte in der Grunewalder Delbrückstraße, der andere, ein promovierter »Wirklicher Geheimer Regierungsrat« und »Kaiserliche[r] Präsident außer Diensten«, hingegen in der Paulsborner Straße 92 in Halensee. Bei Letzterem handelt es sich, soviel ist sicher, um den 1860 in Taubendorf, Krs. Neidenburg, geborenen und 1940 in Berlin verstorbenen Verwaltungsjuristen Georg Kautz.

336 Nach dem Tod seiner ersten Ehefrau heiratete Meyer 1913 deren Schwester Friederike (Marianne Charlotte) Krause.

337 Jedenfalls weisen sich beide bei der Vermählung Friedrich Wilhelm Schraders als »wohnhaft in Berlin-Grunewald, Delbrückstraße 23« aus, der Bruder als Bräutigam, die Schwester als Trauzeugin (vgl. StA Berlin-Grunewald, Heiratsurkunde Friedrich Wilhelm Schrader, Nr. 47/1932).

338 Bis 1943 ist sie noch im Berliner Adressbuch zu finden, wohnhaft in der Sulzaer Straße 14 in Berlin-Schmargendorf.

339 So sein Name nach der Geburtsurkunde (StA Wilmersdorf, Nr. 274/1900). Seine Heiratsurkunde (StA Berlin-Nikolassee, Nr. 32/1936) hingegen führt ihn unter »*Thaddäus* Nikolaus Sobkiewicz«, während er selbst das Dokument mit »*Tadeus* Nikolaus Sobkiewicz« unterschrieb.

340 Erst ab 1937 wurden die Bewohner der Jagowstraße 2 im Berliner Adressbuch gesondert ausgewiesen. Zuvor wurden sämtliche Einlieger des Grunewalder Anwesens als wohnhaft in der Delbrückstraße 23 registriert.

QUELLEN UND LITERATUR ZUM THEMA (AUSWAHL)

Archive

Für die hier behandelten Themen und Personen verwahren u. a. folgende Archive und Institutionen zahllose wichtige Dokumente:

Im **Archiv der Deutschen Burgenvereinigung** in Braubach findet sich der Nachlass des Architekten Bodo Ebhardt.

Das **Archiv des Landkreises Cuxhaven** verwahrt den Nachlass des Schriftstellers Hermann Allmers, der zahlreiche Autographen nebst Fotografien auch der Familie Magnussen enthält.

Im **Bauamt Wilmersdorf, Berlin** ist die umfangreiche Bauakte des Gebäudes in der Delbrückstraße 23, Ecke Jagowstraße 2 einzusehen.

Im **Bundesarchiv** ist u. a. die Finanzakte Dora Sophie Kellners zu finden.

Im **Geheimen Staatsarchiv Preußischer Kulturbesitz, Berlin** liegen u. a. die Akten zur Entstehung der Siegesallee sowie zahllose Dokumente zum Bau des Charlottenburger Eispalasts.

Im **Landesarchiv Berlin** befinden sich u. a. wichtige Akten zur Geschichte des Kunstauktionshauses Lepke sowie zum Verfahren, das Dora Sophie Kellner bei der Wiedergutmachungskammer anstrengte, um erneut in den Besitz der arisierten Grunewald-Villa zu kommen.

Das **Walter Benjamin Archiv der Akademie der Künste, Berlin** verwahrt den literarischen Nachlass des Schriftstellers nebst zahlreichen Dokumenten zu seiner Lebensgeschichte.

Presseorgane

Über die Tagesereignisse in der Grunewald-Kolonie unterrichteten ab der zweiten Hälfte der 1890er Jahre gleich zwei Zeitungen. Zum einen das

Grunewald-Echo. Organ für die Amts- und Gemeindebezirke Grunewald, Halensee-Wilmersdorf und Schmargendorf (Grunewald).

Das Blatt wurde 1899/1900 gegründet und erschien bis 1941, anfangs in einer täglichen Ausgabe, am Ende nur noch wöchentlich. Sein Untertitel wechselte mehrfach im Laufe seines Bestehens. Die

Grunewald-Zeitung. Halenser Nachrichten. Ältestes Organ mit amtlichen Nachrichten für den Amts- und Gemeindebezirk Grunewald, Anzeiger für Halensee, Nikolassee, Dahlem, Schmargendorf, Schlachtensee und Wannsee (Berlin-Wilmersdorf) erschien zwischen 1896-1921. Auch ihr Untertitel änderte sich mehrfach.

Veröffentlichungen zur Geschichte des Grunewalds

Mittlerweile gibt es eine ansehnliche Zahl von Publikationen zum Grunewald, dessen Geschichte im Übrigen von der der benachbarten Viertel Wilmersdorf, Schöneberg und Charlottenburg berührt wird. Zu den informativsten gehören:

Arbeitskreis Geschichte Wilmersdorf (Hg.): *Grunewald... zur Geschichte der Villenkolonie.* Berlin 2002.

Arbeitskreis Geschichte Wilmersdorf (Hg.): *Grunewald.* Berlin 2002 (Ansichten).

Balkow-Gölitzer, Harry/ Reitmeier, Rüdiger/ Biedermann, Bettina/ Riedel, Jörg: *Prominente in Berlin-Grunewald und ihre Geschichten.* Hrsg. von Burkhardt Sonnenstuhl. Berlin 2006.

Bezirksamt Wilmersdorf von Berlin, Pressestelle (Hg.): *100 Jahre Villenkolonie Grunewald. 1889-1989.* Mit Beiträgen von: Kristina Behnke, Hella Dunger-Löper, Helga Gläser, Wilma Glücklich, Harald Howe, Rainer Latour, Karl-Heinz Metzger, Thomas Nagel. Berlin 1988.

Bösel, Peter-Alexander: *Berlin-Grunewald in historischen Ansichten.* Erfurt 2005.

Franßen, Georg: *Die Hausbesitzer der Villenkolonie Grunewald von der Gründungszeit (1889) bis 1943.* Berlin 1992 (Schriften des Wilmersdorf-Museums; 7).

Frisch, Helga: *Die Villenkolonie Grunewald – Häuser und Leute damals und heute.* Veröffentlichungen aus dem Gemeindeblatt der evangelischen Kirchengemeinde Grunewald. Redaktion, Zusammenstellung und Gestaltung: H. F. 3 Bde. I: [Berlin] ^{2}2001; II: ebd. 2000; III: ebd. 2003.

Fritsche Petra T.: *Die Villenkolonie Grunewald und ihre Bewohner. Historische und architektonische Betrachtungen 1889-1945. Zwei Spaziergänge.* Berlin o. J. [^{2}2003].

Zur Geschichte des **Grunewald-Gymnasiums** bzw. der nachmaligen **Walther-Rathenau-Schule** gibt es insgesamt drei Jubiläumsschriften:

25 Jahre Grunewald-Gymnasium. 1903-1928. (Hg.: Grunewald-Gymnasium in Berlin-Grunewald, Wilhelm Vilmar. Schriftleitung: Hermann Günther Rathenau, Berlin-Grunewald.) Berlin o. J. [1928].

50 Jahre Walther-Rathenau-Schule (vormals Grunewald-Gymnasium). 1903-1953. (Hg.: Walther-Rathenau-Schule in Berlin-Grunewald, Wilhelm Padberg. Schriftleitung: Ernst Walther, Berlin-Grunewald.) Berlin o. J. [1953].

75 Jahre Walther-Rathenau-Schule – Gymnasium – (vormals Grunewald-Gymnasium. 1903-1978. Hrsg. von der Walther-Rathenau-Oberschule – Gymnasium. Berlin 1978.

Heimatverein für den Bezirk Wilmersdorf e. V.: *Eigentümer und Mieter der Villenkolonie Grunewald in der Gründerzeit.* [Berlin] o. J. [1989].

Hessling, Egon: *Die Villenkolonie Grunewald. Fassaden, Innenräume, Details und Grundrisse der interessantesten in der Landgemeinde aufgeführten Villen.* Berlin (u.a.) ^{2}1903.

Milferstädt, Reinhard: *Die Villenkolonie Grunewald. Entstehung und Entwicklung eines grossbürgerlichen Wohnquartiers im 19. Jahrhundert.* O. O., o. J.

Siebert, H[ermann]: *Berlin-Grunewald. Ein Heimatbuch.* Berlin o. J. [1930].

Urban, Henry F.: *Die Schwierigkeit, den Grunewald zu entdecken. H. F. U. entdeckt das Berlin von 1910.* Berlin 2010 (Epilog 2: Lesehefte; 6).

Weitel, Norbert: *»... die waren dann eben nicht mehr da«. Deportation aus Grunewald.* Berlin 1992 (Schriften des Wilmersdorf-Museum; 4).

Zentrum für audio-visuelle Medien, Landesbildstelle Berlin (Hg.): *Die Grunewald-Rampe. Die Deportation der Berliner Juden.* [Mit Beiträgen von] Annegret Ehmann,

Wolf Kaiser, Christiane Klingspor, Michael Metto, Horst Neumann, Pim Richter, Ewa M. Runge, Martina Voigt. (Bearbeitung und Redaktion: Horst Neumann.) Berlin [2]1993.

Zu den ›Protagonisten‹ des Buches

Familie Magnussen:

Allmers, Hermann: *Briefwechsel mit Freunden im Nordwesten. Briefwechsel II.* Im Auftrag der Hermann-Allmers-Gesellschaft hrsg. von Hans Gerhard Steimer und Axel Behne. Bremen 2014.

Beneke, Otto: *Geschichte und Genealogie der Familie Lorenz Meyer in Hamburg.* Im Auftrage des Herrn Senator Georg Christian Lorenz Meyer aus urkundlichen und authentischen Nachrichten verfaßt und hrsg. (Als Manuscript gedruckt.) Hamburg 1861.

Magnussen, Harro: *Christian Karl Magnussen.* In: Zeitschrift für bildende Kunst, N. F., Jg. 17 [41] (1906), H. 5, S. 109-116.

Schlee, Ernst: *Christian Carl Magnussen. Ein Künstlerschicksal aus der Kaiserzeit.* Husum 1991.

Schörle, Eckart: *Harro Magnussen (1861-1908). Ein Bildhauer der Jahrhundertwende zwischen Anpassung und Eigensinn.* In: Nordelbingen. Beiträge zur Kunst- und Kulturgeschichte Schleswig-Holsteins, Bd. 71 (2002), S. 75-110.

Familien Benjamin, Chodziesner und Schoenflies:

Benjamin, Hilde: *Georg Benjamin. Eine Biographie*, Leipzig [3]1987.

Benjamin, Walter: *Gesammelte Briefe.* Hrsg. vom Theodor W. Adorno Archiv. 6 Bde., Frankfurt/M. 1995-2000.

Benjamin, Walter: *Werke und Nachlaß.* Kritische Gesamtausgabe. Im Auftrag der Hamburger Stiftung zur Förderung von Wissenschaft und Kultur hrsg. von Christoph Gödde und Henri Lonitz in Zusammenarbeit mit dem Walter Benjamin Archiv. Frankfurt/M. (später Berlin) 2008 ff.

Am aufschlussreichsten für den Zusammenhang des Buches ist der 2019 erschienene Band 11 mit der *Berliner Chronik* und der *Berliner Kindheit um Neunzehnhundert.*

Brodersen, Momme: *Kapitalist, Spekulant und Rentier. Ein Porträt Emil Benjamins.* In: Juni. Magazin für Literatur und Politik, Jg. 2011, H. 51/52, S. 27-64.

Stargardt, J. A.: *Autographen. Literatur, Wissenschaft und Kunst, Geschichte, Allgemeines, »Sozialisten«, Napoleon I. und sein Kreis, Weltkrieg und Nachkriegszeit.* Sammlung Emil Benjamin †, Berlin-Grunewald, und anderer Besitz. Berlin 1931 (Katalog 316).

Digitalisiertes Exemplar der Universitätsbibliothek Heidelberg unter URL http://dfg-viewer.de/show/?set[mets]=http%3A%2F%2Fwww.zvdd.de%2Fdms%2Fmetsresolver%2F%3FPPN%3Durn%3Anbn%3Ade%3Absz%3A16-diglit-83546.

Kaemmel, Thomas (unter Mitarbeit von Philipp Sonntag): *Arthur Schoenflies. Mathematiker und Kristallforscher. Eine Biographie mit Aufstieg und Zerstreuung einer jüdischen Familie.* Halle 2006.

Kammeier, Andrea/Bornebusch, Wolfgang: *Die Geschichte der jüdischen Gemeinde in Schermbeck*, in: Heimatkalender des Kreises Wesel, Jg. 9 (1988), S. 122-129.

Kammeier-Nebel, Andrea/ Schiffer, Walter: *Der Jüdische Friedhof in Schermbeck. Ein kleiner Leitfaden*. Dorsten 2017.

Lange, Bernd-Peter: *Georg Benjamin. Ein bürgerlicher Revolutionär im roten Wedding*, Berlin 2019.

Sandig, Marina: *Die Liebermanns. Ein biographisches Zeit- und Kulturbild der preußisch-jüdischen Familie und Verwandtschaft von Max Liebermann*. Neustadt/Aisch 2005 (Deutsches Familienarchiv; 146).

Schöck-Quinteros, Eva:: *»...denn ich hoffe nach dem Krieg in Amerika arbeiten zu können«. Stationen einer vertriebenen Wissenschaftlerin. (1901-1946)*. In: Barrieren und Karrieren. Die Anfänge des Frauenstudiums in Deutschland. Unter Mitarbeit von Sigrid Dauks hrsg. von Elisabeth Dickmann und Eva Schöck-Quinteros. Berlin 2000, S. 71-102

Weissweiler, Eva: *Das Echo deiner Frage. Dora und Walter Benjamin. Biographie einer Beziehung*. Hamburg 2020.

Weissweiler, Eva: *Villa Verde oder das Hotel in Sanremo. Das italienische Exil der Familie Benjamin*. Mit einem Nachwort von Mona Benjamin. München 2022.

Woltmann, Johanna: *Gertrud Kolmar. 1894-1943*. Marbach/N. ²1993 (Marbacher Magazin; 63-[64]).

Rudolph Lepke:

Brendicke, Hans: *Rudolph Lepkes 1000. Katalog*. In: Mittheilungen des Vereins für die Geschichte Berlins, Jg. 12 (1895), Nr. 5, S. 46-48.

Malkowsky, Georg: *Rudolph Lepke's Kunst-Auctions-Haus. Ein Beitrag zur Geschichte des Berliner Kunsthandels*. Berlin 1912.

Bodo Ebhardt:

Bekiers, Andreas: *Bodo Ebhardt. 1865-1945. Architekt, Burgenforscher, Restaurator. Leben und Frühwerk bis 1900*. Berlin 1999

Burgenromantik und Burgenrestaurierung um 1900. Der Architekt und Burgenforscher Bodo Ebhardt in seiner Zeit. [Ausstellungskatalog.] Braubach 1999 (Veröffentlichungen der Deutschen Burgenvereinigung e. V., Reihe B: Schriften; 7).

BILDNACHWEISE

Archiv des Lk. Cuxhaven, Nachlass Hermann Allmers, 3131c Magnussen: Seiten 13; 16 (beide)

Auktionskatalog 316 des Antiquariats J. A. Stargardt »Sammlung Emil Benjamin †«, März 1931: Seite 75 (beide)

Auktions-Katalog 95 Karl Ernst Henrici. Versteigerung aus dem Nachlass C. Meyer, 1924: Seite 55

Benjamin, Hilde, Georg Benjamin. Eine Biographie, Leipzig: S. Hirzel, ^{3}1987: Seite 91

Berliner Architekturwelt. Zeitschrift für Baukunst, Malerei, Plastik und Kunstgewerbe der Gegenwart (Berlin), Jg. 16 (1914), H. 9: Seite 104

Berliner Börsen-Zeitung, Nr. 156 vom 3.4.1888: Seite 36

Berliner Leben. Zeitschrift für Schönheit und Kunst (Berlin), Jg. 1898, H. [12]: Seite 19

Berliner Leben. Zeitschrift für Schönheit und Kunst (Berlin), Jg. 1899, H. [10]: Seite 22

Berliner Leben. Zeitschrift für Schönheit & Kunst (Berlin), Jg. 17 (1914), H. 8: Seite 89

Berliner Leben. Zeitschrift für Schönheit & Kunst (Berlin), Jg. 6 (1903), H. 2: Seite 96 (links)

Berliner Leben. Zeitschrift für Schönheit & Kunst (Berlin), Jg. 7 (1904), H. 1: Seite 96 (rechts)

Brieger, Lothar, Das Frauengesicht der Gegenwart. Stuttgart: Verlag von Ferdinand Enke, 1930: Seite 111

Curjel, Robert, Moderne Villen und Einfamilienhäuser: Sammlung moderner Wohngebäude, Villen und Einfamilienhäuser aus Stadt und Land ausgeführt von den ersten Architekten der Jetztzeit. Berlin Wasmuth 1902: Seite 24

Europäisches Burgeninstitut – Einrichtung der Deutschen Burgenvereinigung e. V. (Braubach): Seite 49: DBV-Archiv, Nr. 2262

Deutsche Kunst und Dekoration. Illustr. Monatshefte zur Förderung deutscher Kunst etc. (Darmstadt), Bd. 14 (1904), H. April-Sept.: Seite 15

Deutscher Musenalmanach für das Jahr 1837. (Leipzig), Jg. 8 (1837): Seite 26

Deutsches Literaturarchiv Marbach – Nachlass Gertrud Kolmar: Seite 34

Illustriertes Universum-Jahrbuch 1912. Leipzig: Reclam, 1912: Seite 48

Klassik Stiftung Weimar, Klassik Stiftung Weimar, Goethe- und Schiller-Archiv: Seite 128: GSA 101/239

Landesarchiv Berlin – Fotosammlung: Seiten 7: B Rep. 209-01 (Fotos) Nr. 94-11429 / Foto: Dorn; 132 (B Rep. 209-01 (Fotos) Nr. 94-11428 / Foto: Herter

Kay H. Nebel. (1888 Loitmark Krs. Eckernförde – 1953 Kassel). Gemälde, Aquarelle, Zeichnungen. Ausstellung der Galerie von Abercron vom 21. November bis 6. Dezember 1975 in Kiel. [Katalog.] O. O.: o. Verl., o. J. [1975]: Seite 70

Privatbesitz Eva Michaelis (†): Seite 99

Privatbesitz Momme Brodersen: Seiten 9; 12; 56; 63; 84/85

Thyssen, Thyge: Bauer und Standesvertretung. Werden und Wirken des Bauerntums in Schleswig-Holstein seit der Agrarreform. Neumünster: Karl Wachholtz Verlag, 1958: Seite 127

Verein für die Geschichte Berlins e.V., Carte de Visite Album: Seite 37

Walter Benjamin Archiv: Seiten 31: WBA-SA 0564 Sammlung Ursula Benjamin; 109: WBA 1504, Fotograf unbekannt; 120: WBA 1518; 122: Akademie der Künste, Berlin, Walter Benjamin Archiv, Hamburger Stiftung zur Förderung von Wissenschaft und Kultur

Gemeinfreie Internetquellen, Wikimedia Commons u. a.: Seite 44; 57; 59; 83; 100; 103

Zeitschrift für bildende Kunst (Leipzig, Berlin), N. F., Jg. 11 [35] (1900), Nr. 1: Seite 17

In einigen Fällen konnten die Rechteinhaber nicht ermittelt werden. Wir bitten sie, sich beim Verlag zu melden.

DANKSAGUNG

Mein besonderer Dank gilt meiner Ehefrau Elvira Lima, die mich überhaupt erst ermutigte, dieses Buch zu schreiben. Zusammen mit meiner Schwester Ingke Brodersen sowie meinen Freunden Stephan Oswald und Reinhard Pabst gehörte sie auch zu den frühesten kritischen Leser/inne/n des Manuskripts. Für Korrekturen und Verbesserungsvorschläge bin ich ihnen allen sehr dankbar – wie ebenso meiner Nichte, der Ingenieurin Therke Westphal, durch die ich eine Bauakte, nämlich die der Grunewald-Villa, zu lesen lernte.

Auf unterschiedliche, teils sehr umfangreiche Weise haben außerdem folgende Personen zur Entstehung dieses Buches beigetragen: Gregor Ackermann, Axel Behne, Herbert Blank (†), Theodor Böll, Felicitas Brachert-Schneider, Björn Brodersen, Broder Brodersen (†), Laurenz Demps, Ricarda Dick, Christian-Michael Doermer, Richard Martinus (†) und Hilda Emge, Helga Frisch, Rudolf Hädicke, Sabine Hebecker, Verena Huth, Heinrich Kaulen, Andrea Kammeier-Nebel, Hubert Lang, Bernd-Peter Lange, Carla Oelschlägel, Eckart Schörle, Karl-Robert Schütze, Sieglinde Seele, Thomas Steensen, Hans Gerhard Steimer, Christian Tilitzki, Eva Weissweiler, Georg Wiesing-Brandes, Hartmut Wilkens, Erdmut Wizisla und Dietrich Worbs (†). Ihnen sei mein herzlicher Dank abgestattet. Ebenso herzlich danke ich den Mitarbeiter/inne/n des Amtsgerichts Berlin-Charlottenburg, des Archivs des Europäischen Burgeninstituts (Einrichtung der Deutschen Burgenvereinigung e. V.), Braubach, des Archivs des Landkreises Cuxhaven, Otterndorf, des Bauamts Wilmersdorf, des Bundesarchivs, Berlin, des Deutschen Literaturarchivs, Marbach/N., des Dr.-Carl-Häberlin-Friesen-Museums, Wyk auf Föhr, des Geheimen Staatsarchivs Preußischer Kulturbesitz, Berlin, des Heinrich Tessenow Archivs, Berlin, des Landesarchivs Berlin, des Theodor W. Adorno-Archivs, Berlin, des Walter Benjamin-Archivs, Berlin, des Schleswig-Holsteinischen Landesarchivs, Schleswig, sowie der Schleswig-Holsteinischen Landesbibliothek, Kiel, für ihre freundliche Unterstützung meiner Arbeit.

MOMME BRODERSEN, geboren 1951 in Barmstedt (Holstein); Studium der Germanistik, Geschichte, Pädagogik und Soziologie in Hamburg; lebt seit 1976 in Italien und war Professor für deutsche Sprache, Literatur und Kulturgeschichte an der Universität Palermo; Buchveröffentlichungen u.a. über Walter Benjamin, Siegfried Kracauer und Hans Sahl; Mitarbeiter zahlreicher in- und ausländischer Zeitungen und Zeitschriften (u.a. Die Tageszeitung, Frankfurter Rundschau, Süddeutsche Zeitung, Die Zeit, Exil, Germanistik, Juni) sowie Rundfunkstationen (HR, NDR, SWF).

LESEN SIE WEITER

Die bewegte und bewegende Biographie eines Hauses – sie verbindet Architekturgeschichte und jüdisch-deutsche Kulturgeschichte – mit dem Kaufhauskönig, Verleger und Mäzen Salman Schocken im Mittelpunkt.

»Ein Buch über ein echtes Stück Berlin. Auch wenn es von außen harmlos aussieht, kaum fängt man an zu graben, kommt Weltgeschichte zum Vorschein.«
Bernadette Conrad, Berliner Zeitung

144 S., geb. m. Abb.
978 3 88747 395 2

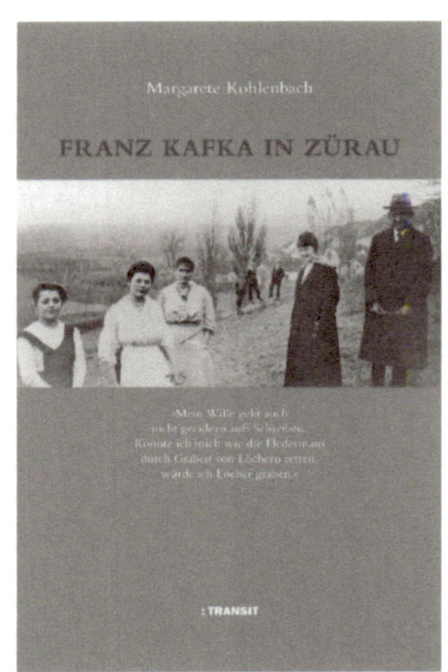

In einer intensiver Auseinandersetzung mit biographischen Fakten, dem gesellschaftlichen Kontext, Kafkas Texten, Notaten und Briefen sowie in seiner unbefangenen Sprache bietet das Buch einen erhellenden und neuen Einblick in Kafkas Denken, Schreiben und Leben.

»Wenn man doch ein Indianer wäre, gleich bereit, und auf dem rennenden Pferde, schief in der Luft, immer wieder kurz erzitterte über dem zitternden Boden…«
Franz Kafka in Zürau

176 S., geb. m. Abb.
978 3 88747 408 9